Engelhorn Bücherei

Ferdinand Hartmann:
Heinrich von Kleists Zeitschrift »Phöbus«
mit der Silhouette von Dresden
(Dieses »Journal für die Kunst« erschien
von Januar bis Dezember 1808)

Kleine Geschichten aus Dresden

Gesammelt
und herausgegeben von
Ulrich Frank-Planitz

Engelhorn Verlag
Stuttgart

ISBN 3-87203-123-6

Lektorat: Renate Jostmann
Typografische Gestaltung: Brigitte Müller
Satz: Uhl + Massopust GmbH, Aalen
Druck und Bindearbeiten: Clausen & Bosse, Leck
Printed in Germany

Schnitt durch das Kronentor des Zwingers
(nach den baulichen Veränderungen von 1929;
siehe auch Schutzumschlag)

Inhalt

Ernst Barlach

Der erste Eindruck

Schön ist dieses deutsche Florenz

Schön ist Dresden, dieses »deutsche Florenz«, das muß ihm der blasse Neid lassen! Hochstrebende, altehrwürdige Kirchen, gewaltige Kuppelbauten, alles von der Zeit mit schwarzem Stempel versehen – und Tauben

Heinrich van Cleef:
die älteste Ansicht von Dresden (1553)

segeln in dichten Schwärmen durch die Luft und spazieren in Eintracht mit den Spatzen sonder Scheu dicht vor den Füßen der Passanten, alles atmet edle Einfachheit, die sehr wohltuend von dem Hamburger Protzentum absticht. Die Elbe strömt sprudelnd in noch jugendlichem Übermut schnell und stark talab, und der Hamburger kann den schwerbeladenen Frachtkähnen, die schnell mit der Strömung fortschießen, Grüße mitgeben an die Heimat; überall an den Enden der Stadt, wo sich die Straßen ins Freie öffnen, sieht man Berge, von denen Häuser wie weiße Punkte herüberwinken oder Gelände von Weinpflanzungen dursterwekkend herabsehen. Das ist der allgemeine Eindruck von Dresden, den einer in den ersten Tagen empfängt.

Otto Rombach

Die Nichte des Kurfürsten

Die Affaire der Anna von Oranien mit dem Vater von Rubens

Das Unglück oder die »Miß-Handlung« Annas, wie die darüber erhabenen Damen in Dillenburg sagten, wurde in der Tat bis zur Geburt des Mädchens, das den Namen Christine von Diez erhielt, in der Stadt Siegen nicht bekannt.

Nur die eilig vorgenommene Taufe, die erregte unwillkommenes Gerede, zumal da vom Grafenhaus an dem wichtigen Tag niemand erschienen war (denn Christines Vater war nicht etwa der Prince d'Orange, sondern sein Rechtsbeistand Jan Ruebens aus Antwerpen) ...

Die Princesse d'Orange konnte, trotz ihrer gesunden Natur bedenklich geschwächt, keine Besucher empfangen. Unbeweglich, nur mit gerührt gehobenen Lidern dankte sie für die Geschenke, die ihre Damen vor dem Bett hochhielten, um sie ihr zu zeigen. Mit ähnlicher Rührung hatte sie auch den Namen Christine von Diez bei der Taufe gehört, weil ihr die Herrschaft Diez einst als Witwensitz verschrieben worden war...

Sie kämpfte kaum noch für sich. Um so bedeutungsvoller wurde nach diesen drei Jahren ihr Name plötzlich in den erregten Schreiben genannt, die nicht nur in ihrer Verwandtschaft durch Eilkuriere hin und her befördert wurden. Auch am französischen Hof hatte die überraschende Nachricht, daß der Prince d'Orange eine dritte

Anna von Oranien, geb. Prinzessin von Sachsen (1544–1577)

Ehe zu schließen gedenke, Befremden erregt...

Jetzt verlangte Kurfürst August von Sachsen in Dillenburg die Herausgabe Annas, seiner Nichte, der Tochter seines Bruders Moritz...

Die fremden Männer, höfliche, wachsame Leute, führten nur ihren Auftrag aus, tagsüber die dicken Ledervorhänge der Kutsche geschlossen zu halten. Auch schienen sie angewiesen zu sein, auf Annas Fragen, wo man wäre oder wohin sie sie brachten, keine Antwort zu geben.

Dann wurde sie, wiederum spätabends, in einem Gebäude von einem Hof aus durch vielfach gewinkelte Gänge in einen großen, hell beleuchteten Saal des Dresdner Schlosses geführt. Dort ließ man sie eine Weile allein, mitten im Saal. Dabei vermied sie sogar, ihre Augen auffällig wandern zu lassen, weil sicher jede Tür bewacht war. Gucklöcher mochte es geben, und so war sie auch völlig beherrscht, als plötzlich laut die hohe Türe hinter ihr aufgemacht wurde und der Kurfürst und seine Frau vor ihr standen, sie in einem dunklen Kleid, eine schmal fallende Glockenform ohne Hüften, er in gewirkten, eng anliegenden Beinkleidern und in einem allzu fülligen Wams. Ihre blassen Gesichter sah Anna vorläufig nur flüchtig. Aber bei beiden fielen ihr die kleinen Augen auf.

Anna verhielt in der tiefen höfischen Haltung, die sie eingenommen hatte, bis er sie ansprach. Aber schon bei den ersten Sätzen der hohen Stimme befürchtete sie, daß ihr hier weder Demut, die sie kaum aufzubringen fähig war, noch ihre Gewandtheit nützen konnte. – Man kannte sie besser, als sie sich darzubieten vermochte.

Sie empfing die Versicherung, er sei ihr heute mehr als je verwandtschaftlich und herzlich zugetan. Auch gab der Kurfürst glaubhaft und nicht ohne Wärme seine Gründe an, weshalb er sie manchmal enttäuschen mußte: Weil er in größeren Abläufen dachte, an das Haus, in das sie nun wieder heimgekehrt war und das ihm, dem Haupt des Hauses, Pflichten auferlegte für alle, die mit ihm und nach ihm lebten.

Er sprach fast gütig und legte Anna die Hand aufs Haar, besorgt ihr Gesicht und die

Augen durchforschend, so daß sie auf einmal von der Hoffnung überwältigt wurde, er sei doch nicht so, wie sie bisher dachte. Auch die Neugier der Kurfürstin schien von Mitleid erfüllt zu sein.

»Verzeihen Sie mir«, sagte Anna.

Da nickten beide. Aber sie konnte sich des Gefühls nicht erwehren, daß es nur ein Zeichen ihrer Befriedigung, aber kaum der Vergebung war. Allzu brennend wurde der Kurfürst von seinem Unmut über sie und den Prince d'Orange bewegt. Denn diesen Mann, der mit der überlieferten Denkart aller herrschenden Fürsten brach und der eben jetzt seinen seit langem geplanten Abfall vom spanischen König vollzog, diesen Abenteurer aus dem armen Grafenhaus von Dillenburg konnte er nur mit Verachtung bedenken, mit Beschimpfungen!

Da fiel ihm Anna ins Wort: »Er hat es nicht seit langem geplant! Auch verdient er keine Beschimpfung.«

Überrascht und befremdet, weil Anna ihm zu widersprechen wagte, aber fortgerissen von seinem Zorn verwies der Kurfürst darauf, daß dieser Statthalter Wilhelm immer, was auch geschah, die Unantastbarkeit und den Nimbus der Krone hätte verteidigen müssen.

Als Anna erneut widersprach, auf die Grausamkeit Albas verweisend, fiel ihr ein Satz aus der Apologie des Prince d'Orange ein, jener Gedanke, den sie selbst wieder und wieder gelesen hatte und der für den Kurfürsten August eine Ungeheuerlichkeit sein mußte.

Sie war, wie sie nun unnachgiebig und gewandt erklärte, vom Recht und von der Unantastbarkeit des Prince d'Orange überzeugt. Dann fuhr jedoch der Kurfürst entsetzt zurück, als sie ihm blitzend den umstürzenden Gedanken aus der Apologie hinwarf: Wo das Oberhaupt seine Pflichten verletze – und König Philipp habe sie verletzt –, sei das Volk nicht nur berechtigt, sondern moralisch gebunden, den fehlbaren Herrscher abzusetzen! –

Das Entsetzen, von dem das kurfürstliche Paar durch dieses Zitat gepackt war, aber auch das an der Türe zurückgebliebene Gefolge, ließ eine Stille entstehen, die Anna so untergründig spannungsvoll wie alles

Kurfürst
August von Sachsen
(1526–1586)

vernichtend empfand. Überhell war der Saal auf einmal mit seinen Leuchtern und spiegelnden Hölzern. Kein Möbelstück. Alles war unerträglich hell und leer. Stumm stierten die Leute von der Türe her zu ihr herüber. Ihre neuen Wärter!

Der Kurfürst winkte einem der Hofbeamten. Dann ging er, Anna mit einem langen Seitenblick fassungslos streifend, wortlos an ihr vorüber, die Kurfürstin steif am Arm.

Auch schien der Hofbeamte, der sich ihr näherte, ihr kaum noch eine Verbeugung schuldig zu sein. Aber Anna achtete auf nichts mehr, als man sie durch weitere Gänge führte, Treppen hinauf und hinab, wo die Flure dürftiger wurden und wo am Ende eines Ganges endlich eine Türe offen stand.

Sie waren angelangt. Anna stieß Laute des

Entsetzens und Unwillens hervor, als sie den kahlen Raum erblickte, in dem nur die nötigsten, einfachen Möbel standen und der auch kein Fenster besaß. Nur an der Stirnseite, fast an der Decke, befand sich eine schmale Luke, deren Gitterstangen sie vielleicht gerade noch mit den Händen erreichen konnte, wenn sie auf einen Stuhl stieg. Auch in die Türe, eine rohe, schwere Türe mit unförmigen Riegeln, war eine Luke mit Eisenstäben eingelassen, quadratisch und groß genug, um einen Teller hereinzureichen... Anna lehnte jeden Besucher ab. Nur der Doktor Pistorius solle noch einmal kommen...

»Ich bin nicht mehr ich!« schrie sie verzweifelt... dann fand man in der erstarrten Hand Annas ihr Medaillon mit dem Bild des Prince d'Orange...

Es war wie ein Erwachen aus der Lähmung nach dem Tod des großen Vaters, als die Regierungsvertreter der Provinzen dem jungen, erst sechzehnjährigen Moritz von Oranien, dem Sohn der unglücklichen Anna von Sachsen, die Ämter seines Vaters übertrugen.

Sie erhofften mit ihrem Glauben an die unvergeßbare Kraft des Namens Oranien, der zum Symbol ihrer republikanischen Freiheit geworden war, von dem Jüngling mindestens den Weiterbestand der durch den Prince d'Orange errungenen Freiheit. Vielleicht erhofften sie eine ähnliche menschliche Größe, wie sie in rührenden Geschichten über den Statthalter Willem weiterlebte. Vielleicht galt ihre Hoffnung auch dem klaren, überragenden Ingenium, das seine Professoren in Leiden an ihm rühmten. Er erfüllte, was man von ihm erwartete...

Mit dieser Gesinnung setzte Moritz von Oranien, eine der unauffälligen Taten mit der linken Hand, für das arme Fräulein Christine von Diez, das seiner ungleichen Herkunft nach keine Mitgift oder Erbschaft erwarten konnte, eine lebenslängliche Rente aus. – Es war zugleich ein Bekenntnis zu seiner Mutter, für die das Fest seiner Taufe in Dillenburg das letzte, große, zwiespältige und doch eigentümlich erfüllende Fest gewesen war, das ihr der Prince d'Orange bereitet hatte.

Vielleicht erwachte in ihm, wenn ein Dankbrief seiner Halbschwester Christine aus Dillenburg oder Hanau kam, auch die Erinnerung an jenen Mann aus Antwerpen, den er als Knabe, nichts von dessen Bedeutung für das Schicksal seiner Mutter ahnend, aus dem Kappeskeller in Dillenburg herausspähen sah.

Als dann der Maler Peter Paul Rubens sein Genie von Kirche zu Kirche, von Schloß zu Schloß mit immer neuen, erregenden Bildern offenbarte, dachte wohl kaum noch jemand daran, wie gefährlich in Dillenburg und Siegen um den Kopf seines Vaters, des Jan Ruebens, und um das Leben der Princesse d'Orange gerungen worden war...

Auch mochte niemand bewußt sein, daß die beiden bedeutendsten Männer der geteilten Niederlande, der Generalstatthalter Moritz von Oranien im befreiten Norden und der Malerfürst Peter Paul Rubens im spanischen Süden, in einer ungewöhnlichen Weise miteinander verwandt waren, beide ja Halbbrüder der Christine von Diez, der Gattin des Grafen Bernkott in Hanau.

Ricarda Huch

Der Kaiser weinte

Heinrich Schütz im Dresdner Schloß

An der Grenze bewillkommnete der Kurfürst die Österreicher in festlicher Weise durch eine Wasserjagd, indem das Wild durch Treiber und Hunde in den Fluß gehetzt und dort von den in ihren Schiffen befindlichen Gästen erlegt wurde. Ferdinand genoß die dargebotenen Lustbarkeiten, die für den Kaiser meistenteils beschwerlich waren, in vollen Zügen...

Der kurfürstliche Wirt war in bester Laune, unermüdlich vortrinkend und laut schwörend, daß er beim Hause Österreich leben und sterben wolle. Hatte er in seiner Hauptstadt auch nicht viel Kunstwerke und Raritäten vorzuweisen, so entzückte er doch namentlich Ferdinand durch eine Sauhatz, die mitten in der Stadt auf dem Markte abgehalten wurde, wie auch ebenso durch

Heinrich Schütz (1585–1672)

die Musik, die zur Tafel aufspielte. Während der Kurfürst und sein Hof sich bei Tische nicht sonderlich um die Kapelle bekümmerten, horchten die Gäste zuweilen erstaunt und freudig auf, und Ferdinands Freund, Fürst Eggenberg, stand sogar mehrmals auf, brachte dem Kapellmeister ein Glas voll Wein, stieß mit ihm an und beglückwünschte ihn wegen der Kunst, mit der er die Kapelle leitete.

Als der Kurfürst dies bemerkte, erzählte er lachend, dieser Kapellmeister, namens Heinrich Schütz, habe einen besonderen

Wert für ihn, weil er ihn dem Landgrafen Moritz von Hessen-Kassel abgejagt habe. Dieser habe den Schütz als einen talentvollen Knaben entdeckt, ihn im Gesang unterrichten lassen und später an seinen Hof gezogen. Als er gehört habe, was für ein großes Wesen der Landgraf aus dem Schütz machte, habe er sich ihn einmal schicken lassen und ihn dann ganz für sich behalten wollen, was der Landgraf Moritz sehr ungern vernommen habe. Da aber der Schütz auf kursächsischem Gebiet geboren sei, und der Landgraf ihm wohl auch nicht dauernd habe zuwider sein mögen, sei der Handel zustande gekommen, was ihn besonders freue, weil Landgraf Moritz sich bekanntlich einbilde, mehr zu wissen und zu können als andere Leute und an seinem Hofe besonders gelehrt und neumodisch eingerichtet zu sein. Er bekomme zuletzt immer, was er wolle, sagte der Kurfürst behaglich, und zwar ohne sich zu rühren. Mit Fechten und Schwitzen könne jeder etwas ausrichten, aber mit Stillsitzen den Sieg davonzutragen, sei die wahre politische Kunst, auf die sich nicht jeder verstehe.

Als vornehmste Ergötzung wurde den Gästen eines Abends eine Komposition Schützens, nämlich ein musikalisches Gespräch zwischen Apollo und den Musen vorgeführt. In einem Saale des Schlosses war eine kleine Bühne hergerichtet, auf welcher die Sänger auftraten, Apollo mit einem Lorbeerkranz in den blonden Locken, in goldgesticktem Wams und purpurnem Mantel, die Musen in altdeutschen Gewändern mit gepufften Ärmeln. Den Hintergrund bildeten, auf eine Wand gemalt, ein dunkelgrüner Hain und ein weißer Tempel auf sonnenbeschienenem Hügel. Zufrieden lächelnd, beobachtete Johann Georg das Erstaunen und die Bewunderung seiner Gäste während der Darstellung: Matthias und die Kaiserin weinten, Ferdinand wiegte seinen weichen Körper hin und her, und seine blauen Augen funkelten in feuchter Wonne, Fürst Eggenberg schien jeden Ton wie einen aus Wolken tauenden ambrosischen Tropfen aufzufangen und innig zu schlürfen.

Am Schlusse des Spiels, das mit einer Huldigung für das Kaiserpaar endete, wurde Schütz vor die Majestäten befohlen, um ihr Lob in Empfang zu nehmen. Ferdinand klopfte ihm auf die Schulter und sagte gemütlich: »Er versteht seine Sache. Ich gebe zehn von meinen großmäuligen Standesherren um ein solches Ketzerle wie Er ist.« Eggenberg nötigte den Kapellmeister, sich zu ihm in eine Ecke zu setzen, und fragte ihn über seine Komposition aus. Woher er das habe? Das sei etwas Neues und Gewaltsames, aber Wundervolles. Die Musik sei sonst eine überirdische Erscheinung unter den Menschen gewesen, vestalisch verhüllt und unnahbar; nun aber sei es ihm so gewesen, als hätte sie ihre Brust gleich einem Zauberspiegel entschleiert, und ein jeder hätte sich selbst darin erblickt, so wie Gott sich vorbehalten habe, sich zu erkennen, so daß es ihm fast verboten und schaurig vorgekommen sei. Da er nun das genossen habe, glaube er, es werde ihm kein Tonstück von der alten Art mehr schmekken.

Johann Michael von Loen

Der galanteste Hof der Welt

Goethes Großonkel
über das augusteische Dresden

Ich beschreibe hier den prächtigsten und galantesten Hof von der Welt. Man muß mir das letzte Wort im Teutschen gelten lassen, denn es ist in Sachsen sehr üblich, und ich finde auch sonst keines in allen mir bekannten Sprachen, welches dasjenige besser ausdrücken sollte, was ich hier sagen will: es bedeutet solches so viel, als ein lebhaftes, artiges Wesen, das gefällt, das rühret, das sich der Sinnen bemächtigt und den Witz gebrauchet, um desto empfindlicher wollüstig zu seyn.

Das sächsische Blut ist das schönste in Teutschland: es ist feuriger, zärtlicher und verbuhlter, als seiner Nachbarn ihres. Die Wollust macht die Einwohner in diesem Land sinnreich, angenehm, höflich und schmeichlerisch; aber zugleich auch wankelmüthig, weichlich, plauderhaft und schwelgerisch. Weil sie von Natur aus mit einer glücklichen Erfindungskraft begabet sind, so findet man unter ihnen die meisten Poeten und Romanschreiber: sie sind die ersten, die sich erkühnet haben teutsche Schauspiele nach dem Geschmack der Franzosen zu schreiben.

Sie sind überhaupt zu allen Künsten und Wissenschaften vor anderen Teutschen aufgelegt; und was debey am merkwürdigsten ist, so sind sie eben so glücklich in tiefsinnigen und ernsthaften, als in lustigen und scherzhaften Sachen. Unsere zwey größten Weltweisen Leibniz und Wolff haben sich in diesem Land hervorgethan...

Die Stadt Dresden scheinet gleichsam nur ein bloßes Lustgebäude zu seyen, worinn sich alle Erfindungen der Baukünste angenehm miteinander vermischen, und doch besonders betrachten lassen. Ein Fremder hat fast ein paar Monathe damit zuzubringen, wann er alles, was dieser Ort schönes und prächtiges hat, in Augenschein nehmen will, und doch siehet er nichts, als mit einem flüchtigen Auge.

Es ist keine Kunst der Welt zu finden, davon man hier nicht ausnehmende Meisterstücke siehet. Alles was in dem Reich der Natur sich verwundernswürdiges und seltenes geäußert, verschließen hier die Raritäten- und Naturalienkammern. Alles was man prächtiges an Geschirren, Pferdedekken, Schlitten, Waffenzierrathen und dergleichen Gerätschaften sehen kann, welche bey Aufzügen, Ritterspielen und Lustfesten gebrauchet werden, wird in einer so erstaunlichen Menge auf dem sogenannten großen Stall in einer langen Gallerie verwahret.

Von dem in der Welt berühmten Zeughaus nicht zu gedenken: Es ist bekannt, daß die ansehnlichsten in Europa nur mit demselben pflegen verglichen zu werden.

Gehet man weiter und betrachtet, ehe man noch einen Fuß nach Hof wendet, den in alt Dresden von dem Feldmarschall, Grafen von Flemming erbauten, nunmehr aber dem König zugeeigneten holländischen Pallast *(heute: Japanisches Palais)*, so findet man darinnen, nebst tausend anderen Seltenheiten, einen so reichen Vorrath des schönsten und feinsten Porcellans, welches in der neuen königlichen Fabrick zu Meissen verfertiget wird, daß man solches nicht genug bewundern kann. Dieses Porcellan übertrifft beydes in der Schönheit und Kostbarkeit das indianische *(so hieß damals das chinesische und japanische Porzellan)*. Ja es ist eines derjenigen Sachen, welche unsere Zeiten auch in Ansehung der Künste und Wissenschaften besonders merckwürdig machen. Man kan diese Art von Porcellan zu verferti-

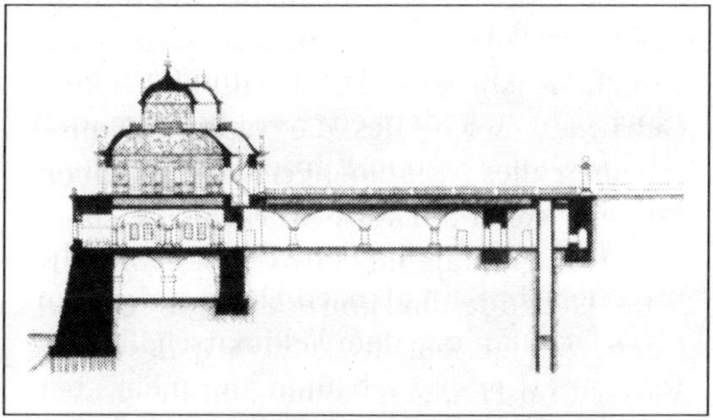

Schnitt durch das alte Lusthaus auf der Jungfernbastei: In den Kasematten wurde 1709 von Johann Friedrich Böttger das europäische Porzellan erfunden

gen, eine wahre Alchymie nennen, indem solche unsägliche Geldsumme ins Land bringet...

Was soll ich weiter von dem unvergleichlichen Oraniengarten sagen, welchen jedermann nicht anders, als mit äußerster Bewunderung betrachten kann. Ohnerachtet solcher unter die Wunder unserer Zeiten verdienet gerechnet zu werden, so ist er dennoch in den Augen des Königs nur ein kleiner Garten. Alle Kenner der Baukunst warten mit einem ungeduldigen Verlangen auf die von Herrn Pöpelmann, Sr. Königl. Majest. in Pohlen Oberlandbaumeister, versprochene Abrisse dieses so wunderschönen Gebäudes*, wo beydes, die Natur als Kunst, scheinen alles zusammengetragen zu haben um ein vollkommenes Werk zu machen. Ihre Königl. Majestät ließen dieses vortreffliche Gebäude im Jahre 1711 in Grund legen; zu der Zeit als Dieselben das hohe Vicariat im Heiligen Römischen Reich verwalteten *(August der Starke war nach dem Tode*

* Das angekündigte Kupferstichwerk Pöppelmanns erschien 1729 unter dem Titel »Vorstellung und Beschreibung des Zwingergartens«.

von Kaiser Joseph I. Reichsverweser). Dessen Fortgang war so schnell, als glücklich; und weil Sr. Königl. Majest. sich dessen in eigener Sorgfalt annahmen, so siehet man auch daselbst alles, was nur die Künste und Wissenschaften Erhabenes und Schönes vorbringen können.

Die Bogenwerke, die Gallerien, die Säle, die Cabinetter, sind nicht allein nach der herrlichsten und sinnreichsten Baukunst eingerichtet, sondern die dabey angebrachten Auszierungen, an Bildhauerkunst, Mahlerey, Verguldungen, Brustbildern, Aufsätzen, Erhebungen und dergleichen, nebst dem Reichtum des allerschönsten Marmors, der allenthalben in die Augen glänzet, setzt alle Kenner in äußerste Verwunderung.

Die Wasserkünste und Springwerke, die cascaden, samt den Grotten und Bädern, sind von gleichmäßiger Kunst, und geben zu erkennen, daß Se. Königl. Majest. nichts vergessen haben, diesen Platz zu einem der annehmlichsten Lustgärten der Welt zu machen.

Jochen Klepper

Im Bauernkittel bei August dem Starken

Preußens Soldatenkönig in Dresden

Siebenmal war man nun schon zur Redoute, vierzehnmal war große Tafel, drei maskierte Schlittenfahrten hatten stattgefunden, zweimal waren sämtliche Paläste Dresdens illuminiert, fünfmal wurde die Komödie besucht – und da fragte dieser unglückselige Preußenkönig ein bißchen erstaunt, ein wenig traurig und doch wieder auch in dieser merkwürdig hochmütigen, schnarrenden Art, wann denn nun die versprochene Lust eigentlich angehe?...

König Augustus war beunruhigt, daß zum ersten Male all die selbsterdachten Wunderwerke seiner Feste nicht bestrickten, überwältigten, betäubten. Weil ihm die Festesfolge der vergangenen Tage nicht genügte, hatte er nun für den späten Abend noch die Begegnung seines Gastes mit der schönen

Formida angesetzt. Vielleicht war noch bestimmender gewesen, daß die verwöhnte junge Dame bereits unwillig war, erst so spät in Erscheinung zu treten und darum an all den Feierlichkeiten des Hofes noch immer nicht teilnehmen zu dürfen.

Die Elbe lag im Eis. Droben von den Palästen am Ufer her blitzten die Lichter über sie hin, wenn ein Portal sich öffnete oder Fackelträger einer Sänfte entgegeneilten, ihr den Weg zu erhellen.

Man begab sich in einen Flügel des Schlosses, der bis dahin den Gästen noch nicht aufgetan worden war. Die Türen hier waren noch weiter, die karrarischen Gesteine der Stufen noch reiner, die Kandelaber noch reicher und strahlender; und das Heer der marmornen Götter, die den Weg der Fürstlichkeiten säumten, wuchs von Saal zu Saal ins Unermeßliche. Auf den Emporen der Galerien trommelten, pfiffen, trompeteten Hunderte von Janitscharen, schlugen Bekken, schwangen Schellenbäume. Aus dem Gewirr der Säulen traten, Fleisch und Blut und süßer Duft geworden, die Göttinnen goldener Zeitalter, mitten im tiefen Winter der Menschen mit den Blumen arkadischer Gefilde umkränzt, Weinlaub um Brüste und Hüften...

Nacht und Jubel wurden immer tiefer. Es war nur noch ein enger Kreis von Männern, die miteinander durch die Hallen schritten: die beiden Könige, ihre Söhne und wenige Große ihrer Höfe. Seltsamerweise hatte Friedrich Wilhelm das Kostüm eines Bauern aus dem hohen Norden gewählt, indes Augustus in antikischer Toga einherschritt; er fand die größte Beachtung seines brandenburgischen Gastes, nur galt sie nicht seiner klassischen Maskerade: die römische Kühnheit seiner Stirn und Nase gab dem Nordlandsbauern zu denken.

Manchmal blieb der Römer Augustus stehen, denn sein rechtes Bein schien den Giganten gar nicht mehr recht zu tragen, und ein Augenlid sank ihm beim Sprechen und Lauschen müde herab. Das Lächeln, das um seine Lippen lag, ließ ihn noch älter erscheinen als er war.

Vielleicht war es besser, als König im Bauernkittel über diese Erde zu pilgern.

Der schöne Graf Rutowsky, sein jüngster

und heiterster Bastard, suchte dem Römer und seinem Gaste aus dem Nordland den Weg durch all die tausend Wunder; gerade zu diesem festlichen Tage hatte er es mit seinen zweiundzwanzig Jahren auf die gleiche Anzahl fröhlicher Bankerte gebracht wie sein hoher Herr Vater. Er lachte und schwatzte, daß es die ernsten Brandenburger fast noch mehr als all die anderen bezwang.

Langsam verlöschten darüber die Kerzen.

Aus der Höhe der Pfeiler, von Spiegeln vertausendfacht, begannen Monde, Sterne und Kometen bläulich und silbern zu schimmern; und neue, nie gehörte Klänge schwebten in den Gewölben der leuchtenden Kuppeln auf. Weit in der Ferne, am Ende der Pforten und Stufen, schwoll Gesang an, steigerte Glanz und Schimmer sich zur Sonnenhelligkeit. Kaskaden von fließendem Feuer sprühten auf, und als sie zerrannen, ward Nacht, Nacht ohne Glanz und Gesang. Aber die Schwüle aller Sommerdüfte strömte aus den Alabasterbecken der versiegten Fontänen. Von Brunnen zu Brunnen wachsend, sich immer klarer aus

Louis de Silvestre: August der Starke,
König von Polen und Kurfürst
von Sachsen (1670–1733), und König Friedrich
Wilhelm I. von Preußen (1688–1740)

silbernem Nebelhauch lösend, schwang sich die Mondessichel schmal und weit und edel von Schale zu Schale. In ihrer Tiefe ruhte die Göttin des Mondes, Selene. Perlengleich schimmerten ihre Glieder. Goldstaub glänzte auf den gesenkten Lidern. Alle Blumen der Nacht umschlossen ihren Schoß in sanftem, losem Kranz. Auf den Brüsten blitzte Tau der Diamanten. Aber lichter als die Edelsteine war der Glanz ihres Leibes.

Alle um den Preußenkönig wichen leise zurück. Allein stand er vor der Sichel Selenes, dem himmlischen Ruhebett am Saume der Ewigkeit. Lächelnd hob die Göttin des Mondes die Arme. Noch immer waren ihre Lider tief gesenkt.

»Sie ist sehr schön. Das muß man gestehen«, sagte der König von Preußen und betrachtete sie ruhig, so wie er auch die Brunnenbecken und die blühenden Gewinde zwischen den Säulen sich aufmerksam ansah. Aber plötzlich fuhr er zurück, riß Grumbkow den Hut unter dem Arm hervor und drückte ihn dem jungen Sohn vors Gesicht. Er stieß den Sohn zum Eingang zurück. Er wendete sich ab. Er schritt die Stufen zum oberen Saale empor. Noch schwebten Gigue und Courante, Chaconne und Sarabande durch den Palast. Die Treppe, von Fackeln und marmornen Göttern gesäumt, drangen die Züge singender Masken herauf und umschwärmten den König von Preußen. Er ging durch sie alle hindurch. Den Bauernkittel streifte er im Gehen ab. Er kehrte zu Fuß in Graf Flemmings Palais zurück, in dem er Aufenthalt genommen hatte. Er verschloß seine Zimmer.

Morgens ließ der König Herrn von Grumbkow holen. Der zog die Sache ins Scherzhafte. Aber der König nahm einen recht ernsten Ton an und befahl ihm, dem König von Polen in seinem Namen zu sagen, daß er ihn sehr bitte, ihn dergleichen Vorfällen nicht mehr auszusetzen, wenn er nicht wolle, daß er Dresden auf der Stelle verlasse.

Der Polenkönig und Sachsenkurfürst lachte sehr vergnügt darüber, ging sogleich zu Friedrich Wilhelm und entschuldigte sich bei ihm. Er nahm aber, wie er es auszudrükken pflegte, wahr, daß den König von Preußen seine ernsthafte Miene nicht verließ, und so brach er denn die festgefahrene Unterhaltung ab und fing ein anderes Gespräch an. Sofort war König Friedrich Wilhelm es zufrieden. Denn er suchte Diskurse mit König Augustus. Die Dresdner hatten erwartet, daß der Preußenkönig – der Pastorenwirt von Wusterhausen, der Korporal von Potsdam, der Wildschweinhändler von Königsberg – von Herrn August dem Starken eine Rechtfertigung seines Namens verlangen würde: Kanonenstrecken, Talerbrechen, Eisenbiegen. Und allenfalls mochte er sich wohl auch nach dem erheblichen Darlehen erkundigen, das der Bruder August von ihm erhielt.

Herr Friedrich Wilhelm aber hatte nur ernste Fragen an den Galant und Athleten zu stellen: Besitzen solche Feste wie die Dresdener Bacchanale einen Wert für das Volk? Kommen viel Fremde ins Land, sie zu sehen? Zirkuliert dann wohl neues Geld? Schaffen sie dem Handwerk Arbeit? Oder werden die Untertanen dadurch belastet? Endlich aber: Wird die Via regia von Dresden nach Warschau einen Schnitt durchs Deutsche Reich bedeuten, an dem es verblutet, oder wird sie ein Weg zum Frieden der Völker im Osten des erschütterten Europa werden?

Etwas an dem Nachbarmonarchen schien Herrn Friedrich Wilhelm groß trotz all des Verwerflichen, das Augustus umgab.

Schenkte nicht die Feierlichkeit seiner Bauten den Menschen das Bewußtsein einer neuen Würde und den Triumph erreichter Ziele, während sie noch mitten in den ersten Mühen standen? Warb seine Heiterkeit nicht dauernd um Liebe, während er noch Last um Last auferlegte? Breiteten nicht seine Feste alle Leichtigkeit des Lebens über seinem Lande aus, während es noch hingegeben war an die ungewisseste Zukunft? Das Leben des geringsten Mannes und des nüchternsten Werktags war ins Gefüge seiner Feste einbezogen. Die Menschen um Augustus sahen glücklich aus. Das preßte dem König von Preußen das Herz ab. Er fand die Leichtigkeit des Lebens nicht. Ihm wies es überall nur Forderungen. Ihm gab es kein erreichtes Ziel. Die Menschen um Augustus wurden von einem lächelnden Zauberer in Wunderlande getragen. Friedrich

Wilhelm aber erschreckte sein Volk, war Tyrann, Lastträger, Bettelkönig in einem. Klötze und Stämme mußte er roden, Pfützen ausfüllen, der grobe Waldrichter sein, der die Bahn brechen und zurichten mußte für etwas, das allein in seinem Denken bestand und das er niemals zu zeigen vermochte: Siehe, da ist es. Luthers Worte hatten sich ihm schmerzhaft eingeprägt.

Augustus war Verschönerer, Bezauberer, Beglücker. Über Schuld und Übel schritt und trug er hinweg; alle Welt um ihn war höchste, letzte Blüte. In Friedrich Wilhelm war die Schwere alles Wachstums und die verborgene Last der künftigen Fruchtbarkeit. Auch in dieser Stunde sank die Schwermut wieder über ihn. Ihm kam der Gedanke daran, wie er sich einmal Bußpredigten für den Polenkönig zurechtgelegt hatte, den er bis dahin immer nur den »Kleiderständer« schimpfte. Nun stand er selbst als Büßer vor dem Strahlenden, »dem kein Schaden, kein Verlust noch Klage in den Gassen war«.

Er war geneigt, Augustus einen der größten Fürsten der Erde zu nennen.

Johann Wolfgang Goethe

Ein Tempel mit Gemälden

1768 zum ersten Male
in Dresden

Die Stunde, wo die Galerie eröffnet werden sollte, mit Ungeduld erwartet, erschien. Ich trat in dieses Heiligtum, und meine Verwunderung überstieg jeden Begriff, den ich mir gemacht hatte. Dieser in sich selbst wiederkehrende Saal, in welchem Pracht und Reinlichkeit bei der größten Stille herrschten, die blendenden Rahmen, alle der Zeit noch näher, in der sie vergoldet wurden, der gebohnte Fußboden, die mehr von Schauenden betretenen, als von Arbeitenden benutzten Räume gaben ein Gefühl von Feierlichkeit, einzig in seiner Art, das um so mehr der Empfindung ähnelte, womit man ein Gotteshaus betritt, als der Schmuck so manches Tempels, der Gegenstand so mancher Anbetung hier, nur zu heiligen Kunstzwecken aufgestellt erschien.

Ich ließ mir die kursorische Demonstration meines Führers gar wohl gefallen, nur erbat ich mir, in der äußeren Galerie bleiben zu dürfen. Hier fand ich mich, zu meinem Behagen, wirklich zuhause. Schon hatte ich Werke mehrerer Künstler gesehen, andere kannte ich durch Kupferstiche, andere dem Namen nach; ich verhehlte es nicht und flößte meinem Führer dadurch einiges Vertrauen ein, ja, ihn ergötzte das Entzücken, das ich bei Stücken äußerte, wo der Pinsel über die Natur den Sieg davontrug: denn solche Dinge waren es vorzüglich, die mich

Die alte Gemäldegalerie am Stallhof, nach 1731 (heute Verkehrsmuseum)

an sich zogen, wo die Vergleichung mit der bekannten Natur den Wert der Kunst notwendig erhöhen mußte...

Ich besuchte die Galerie zu allen vergönnten Stunden und fuhr fort, mein Entzücken über manche köstliche Werke vorlaut auszusprechen. Ich vereitelte dadurch meinen löblichen Vorsatz, unbekannt und unbemerkt zu bleiben; und da sich bisher nur ein Unteraufseher mit mir abgegeben hatte, nahm nun auch der Galerie-Inspektor, Rat Riedel, von mir Notiz und machte mich auf gar manches aufmerksam, welches vorzüglich in meiner Sphäre zu liegen schien. Ich fand diesen trefflichen Mann damals ebenso tätig und gefällig, als ich ihn nachher mehrere Jahre hindurch gesehen und wie er sich noch heute erweist. Sein Bild hat sich mir mit jenen Kunstschätzen so in eins verwoben, daß ich beide niemals gesondert erblicke, ja, sein Andenken hat mich nach Italien begleitet, wo mir seine Gegenwart in manchen großen und reichen Sammlungen sehr wünschenswert gewesen wäre...

Die wenigen Tage meines Aufenthalts in Dresden waren allein der Gemäldegalerie gewidmet. Die Antiken standen noch in den Pavillons des großen Gartens, ich lehnte ab, sie zu sehen, sowie alles Übrige, was Dresden Köstliches enthielt; nur zu voll von der Überzeugung, daß in und an der Gemäldesammlung selbst mir noch vieles verborgen bleiben müsse. So nahm ich den Wert der italienischen Meister mehr auf Treu und Glauben an, als ich mir eine Einsicht in denselben hätte anmaßen können. Was ich nicht als Natur ansehen, an die Stelle der Natur setzen, mit einem bekannten Gegenstand vergleichen konnte, war auf mich nicht wirksam. Der materielle Eindruck ist es, der den Anfang selbst zu jeder höheren Liebhaberei macht.

Friedrich Schiller

Don Carlos in Fortsetzungen

Ein Brief an
Christoph Martin Wieland

Dresden, 24. Mai 1786

Ich habe meinen Aufenthalt verändert und bin nunmehr in Dresden. Ein Zirkel von Freunden, deren Anhänglichkeit und Liebe mein Dasein verschönert, hat meiner Wahl den Ausschlag gegeben. Da es bisher noch nicht in meiner Gewalt gestanden, über mein Schicksal unumschränkt zu gebieten, so bin ich auch jetzt noch nicht ganz für die Zukunft bestimmt. Ich mache an mir selbst die ziemlich gewöhnliche Erfahrung, daß es, wenn der Zufall es nicht getan hat, der Überlegung schwer wird, einen Entschluß für das Leben zu fassen.

Diese schwankende Lage meines Schicksals hat mich gezwungen, manche Idee abzuweisen, die meine Phantasie sich gebildet hatte. Unabhängigkeit, die ich sonst für das höchste Gut gehalten, wird mir nunmehr eben dadurch lästig, weil sie mir aufgedrungen wird. Vielleicht erfahren Sie von meinem Freunde mehrere Kleinigkeiten, die mich betreffen und Ihnen als Forscher der Menschen nicht ganz uninteressant sind.

Ich habe unterdessen einige neue Stücke meiner »Thalia« herausgegeben, worin Fortsetzungen meines »Don Carlos« stehn. Wenn mehr davon fertig ist und Sie eine verlorene Stunde haben sollten, so würde ich Sie bitten, mir einige Worte darüber zu sagen.

Körners Weinberg am Schillerhaus

Wolfgang Amadeus Mozart

Eine schöne Dose für ein neues Konzert

Aus einem Brief
an seine Frau Konstanze

Dresden, 16. April 1789

Wie? – Noch in Dresden? – Ja, meine Liebe! – Ich will Dir alles haarklein erzählen...

Unter dem Essen kam die Nachricht, daß ich den folgenden Tag, als Dienstag den 14. abends, um halb 6 bei Hofe spielen sollte. – Das ist ganz was Außerordentliches für hier; denn hier kommt man sonst sehr schwer zu Gehör; und Du weißt, daß ich gar keinen Gedanken auf hier hatte...

Des anderen Tages spielte ich bei Hofe das neue Konzert in D; folgenden Tags Mittwochs den 15. Vormittag erhielt ich eine recht schöne Dose. – Speisten dann beim Russischen Gesandten, allwo ich viel spielte...

Wilhelm von Kügelgen

Weihnachtsfest unter der Sixtinischen Madonna

Der Heilige Abend im 19. Jahrhundert

Acht Tage vor dem Fest pflegte sich der Dresdener Altmarkt mit einem ganzen Gewimmel höchst interessanter Buden zu bedecken, die abends erleuchtet waren und große Augenlust gewährten. Das Glitzern der mit Rauschgolden und Früchten dekorierten Weihnachtsbäume, die hellerleuchteten kleinen Krippen mit dem Christuskind, die gespenstischen Knecht Ruprechts, die Schornsteinfeger von gebackenen Pflaumen, die eigentümlich weihnachtlichen Wachsstockpyramiden in allen Größen, endlich das Gewühl der Käufer und höfliche Locken der Verkäufer, das alles regte festlich auf. Hier drängten auch wir uns des Abends gar zu gern umher, schwelgten in dem ahnungsreichen Duft der Tannen, der Wachsstöcke, Pfefferkuchen und

Striezeln, die in einer den Wickelkindern entlehnten Gestalt, reichlich mit Zucker bestreut, vor allen zahlreichen Bäckerbuden auslagen und Löwenappetit erregten. Nach genauester Prüfung alles Vorhandenen kauften wir dann einige grüne oder rote Wachsstockpyramiden auf Kartenblätter gewickelt, das Stück zu einem Pfennig, sogenannte Pfefferkuchenzangen zu demselben Preis oder ein paar Bogen bunten Papiers, um unsere Privatbescherung damit auszustatten.

Inzwischen konnten wir in unserem Eifer den vom Kalender angegebenen Zeitpunkt nie ganz erwarten und fingen schon an den vorhergehenden Abenden an, in Alköven oder anderen verdachtlosen Winkeln unseren Kram geschmacklos aufzustellen, zündeten einige Wachsstockschnittchen dabei an und überraschten uns dann gegenseitig unaufhörlich, bis der wahre Heilige Abend herankam und uns alle überraschte.

In dem geräumigen Wohnzimmer meiner Mutter stand ein schönes Bild, das, auf einigen Stufen erhöht, den mittleren Teil der Hauptwand fast bis zur Decke füllte. Es war dies eine Kopie des berühmten Dresdner Raphael, die mein Vater unlängst vollendet und meiner Mutter geschenkt hatte. Diese Kopie wurde damals dem Original gleichgestellt. Es schien dasselbe, nur ohne

Die sieben »Horizonte« von Raphaels Sixtinischer Madonna (durch Linien abgeteilt). Das Bildganze wird erst aus der Entfernung erfaßt – von *einem* Horizont (Schlangenlinie) aus

die Mängel, welche Zeit und frühere Verwahrlosung hinzugetan hatten. Große Summen waren schon für die Vollendung dafür geboten worden, allein mein Vater wollte sich nicht davon trennen; es sollte das Palladium seines Hauses werden, und unter dem himmelreinen Auge dieser Mutter Gottes sollten seine Kinder heranwachsen. Auch knüpften sich sehr selige Kindererinnerungen an dieses Bild, unter dem wir saßen, und das ich anzublicken pflegte, wenn die Mutter am Sonntagmorgen aus der Heiligen Schrift vorlas...

Seinen vollen Zauber entfaltete es indessen erst am Weihnachtsabend, wenn die vielen Kerzen brannten und das magisch beleuchtete, wie von innerem Licht durchglühte Bild zu leben schien. Dieses herrlichen Anblicks erfreuten wir uns zuerst im Jahre 1809, als Volmanns und Senff die ersten Weihnachten mit uns feierten. Die ganze kleine Gesellschaft schien die Augen nicht wieder abwenden zu wollen, und fast hätte es notgetan, uns Kinder zu erinnern, daß es heute noch andere Interessen für uns gäbe.

Unterdessen wir uns nun unseren Tischen nahten und die Herrlichkeiten in Augenschein nahmen, mit denen man uns beschenkt hatte, wurde Senff vermißt. Man hörte aber, daß er gebeten habe, ihm nicht zu folgen, und sieh da! – als die Kerzen des Lichterbaumes im Ersterben waren – da flogen plötzlich die Flügeltüren auseinander, und ein Lichtmeer strahlte uns entgegen. Senff hatte den Fußboden des großen Vorsaales dicht besetzt mit Hunderten von kleinen Lampen, die er aus Nußschalen gebildet und zu einem riesigen Halbmond vereinigt hatte. In die Höhlung dieses Türkensterns, der wie Pontius ins Kredo in unseren Weihnachtsabend paßte, hatte er die kunstvoll gefertigten Geschenke aufgestellt, die er für uns Kinder gearbeitet hatte: für mich einen Prachtschild mit silbernem Adler, für Alfred einen nicht minder schönen Löwenschild. Der Effekt des Ganzen war sehr überraschend, doch noch nicht genügend für Senffs Erfindungsgabe.

Als man sich satt gesehen, schlug der ideenreiche Künstler der Gesellschaft vor, ihm nach dem Hinterhaus zu folgen. Dort befand sich ein zweiter Vorsaal, der zu den Gemächern meines Vaters führte, und hier hatte Senff auf der Diele aus kleinen von Papier gemachten Häusern, Palästen und Moscheen die Stadt Konstantinopel aufgebaut. Man konnte nichts Saubereres sehen als diese Papierstadt. Dichtgestreuter weißer Sand bezeichnete das Land, blauer das Meer, das von kleinen Schiffen belebt war.

Nachdem nun Senff die skizzenhafte Erklärung der hervorragendsten Punkte gegeben hatte, bemerkte er, daß Konstantinopel häufig abzubrennen pflege, und damit legte er einen Zunder unter das erste Haus der Vorstadt Percha. Bald brach die Flamme aus, ergriff das nächste Gebäude und die ganze Straße, verzweigte sich nach anderen Straßen, sprang in die Brunnen, die mit Spiritus gefüllt waren, und verbreitete sich in der ganzen Stadt. Zuletzt wurde das Serail ergriffen, dessen zahlreiche Türmchen als Miniaturfeuerwerk aufsprühten, die Vorstellung mit Knalleffekt beschließend.

Hans Christian Andersen

Luthers Ring im Grünen Gewölbe

Ein ganzes Zimmer voll Spielzeug aus Perlen und Edelsteinen

Man empfahl mir, das »Grüne Gewölbe« zu sehen. Es ist dies eine Reihe von Zimmern, die übrigens keineswegs grün sind, und niemand weiß so eigentlich, woher sie ihren Namen bekommen haben. Da gab es große Tische von Mosaik mit Blumen und Früchten; die Bilder der sächsischen Könige hingen in Lebensgröße an den Wänden; hier zeigte man Becher aus Silber und Gold und ein ganzes Zimmer voll Spielzeug aus Perlen und Edelsteinen. Echte Perlen in ihrer natürlichen Gestalt waren angebracht wie das Glied, dem sie am meisten ähnlich sahen, die Verbindung war durch Silber oder Gold. So war eine Perle der Magen, eine andere der Kopf oder ein Bein und so weiter.

Ich sah Luthers Ring und ganze Schränke voll Edelsteinen und Kostbarkeiten, die so tot und nichtssagend in all ihrem Glanz dalagen, daß ich nahe daran war zu verzweifeln über allen diesen Reichtum, der mich gar nicht interessierte. Wären die Wände nicht von Spiegelglas gewesen, und hätte ich nicht darin mein eignes Gesicht schauen können, in dem der Ausdruck unverkennbarer Langeweile mir vielen Spaß machte, da hätte es recht schlimm mit mir ausgesehen.

Sirenen-Kleinod aus
dem Juwelenzimmer des Grünen Gewölbes

Arnold Ruge

Die Russische Treppe

Man lebt nirgends ruhiger
als in Dresden

Sachsen trägt alle Herrlichkeit der Vorzeit verjüngt in seinem Schoße; man studiert es lange nicht genug, dieses Eldorado der alten Juristerei und Theologie, dieses Heilige Römische Reich en miniature, dessen verschiedene Kreisdirektionen und Amtshauptmannschaften sich bald unabhängig voneinander erklären werden und dessen Universität Leipzig längst unabhängig war von dem eitlen Lauf der geistigen Bildung in dem wüsten, weiten Deutschland, geschweige denn in Europa. Aber ich sage ja nicht, daß die sächsische Nation keine Fortschritte macht.

Ich will Ihnen eine Geschichte erzählen. Die Juden sind schlechte Christen, sie nehmen daher keinen Teil an den Freiheiten des übrigen sächsischen Volkes, sie haben keine Ehrenrechte und dürfen dies und das nicht tun, was getaufte Menschen dürfen. Nun war vor diesem die Brühlsche Terrasse der Brühlsche Garten. Er hatte bei der Brücke, wo jetzt die Treppe ist, eine schroffe Mauerwand und war von der andern Seite geschlossen. Eine Schildwache ließ an vielen

Gottlieb Friedrich Thormeyer: die Treppe
zur Brühlschen Terrasse (1814)

Tagen niemanden hinein, an allen aber keine Juden und keine Hunde.

Eines Tages kam eine Generalsfrau mit einem Hunde auf dem Arm und wurde von

der Schildwache wegen des Hundes zurückgewiesen. Entrüstet beschwerte sich die Frau bei ihrem Manne, dem General, und es erschien ein Parolebefehl, welcher die Instruktion der Schildwachen gegen die Hunde aufhob. Die Hunde gingen nun von Zeit zu Zeit in den Brühlschen Garten; aber die Juden?

Nein, die Juden noch nicht. Nun beschwerten sich die Juden und verlangten, den Hunden gleichgestellt zu sein. Der General war in der größten Verlegenheit. Sollte er seinen Befehl zurückziehen, dessen revolutionäre Konsequenz er nicht geahndet hatte? Seine Frau bestand auf dem Rechte ihres Hundes und auch der Hunde ihrer Freundinnen. Die Sache war schon zur Sitte geworden, und die Juden, das sah der General vor Augen, würden furchtbar schreien, wenn man ihnen das Privilegium der Hunde, welches sie doch im ganzen Mittelalter genossen, jetzt im 19. Jahrhundert nicht zugestände. Der General entschloß sich also, auf seine Verantwortung auch die Juden in den Brühlschen Garten zu lassen, wenn er nicht wegen Anwesenheit des Hofes geschlossen war. Die Indignation war groß, aber der alte Krieger bot ihr Trotz.

Nun kamen die Russen. Der Generalgouverneur Repnin fand 1813 gar keinen Hof vor. Er dachte auch wohl, es käme vielleicht keiner wieder, und machte aus dem Brühlschen Garten die Brühlsche Terrasse mit der großen Treppe und dem freien Zugange, den sie jetzt hat. Dies empörte das Herz aller Normalsachsen; und wären die Russen nicht so viel populärer gewesen als die Preußen, es wäre eine Empörung ausgebrochen. So aber ließ das Volk sich hinreißen, ja, es schoß sogar die herrschaftlichen Fasane im Großen Garten tot und ließ sich's gefallen, daß die Russen auch diesen Spaziergang, der früher den Fasanen reserviert war, den Menschen eröffneten.

Einer aber, der normalste von allen Sachsen, ein kurfürstlicher Geheimer Rat, der noch lebt, hat den Russen ihre unpassende, alles zerstörende Neuerungssucht nie vergessen. Er erkennt weder die Brühlsche Terrasse noch den Großen Garten an. Er geht nie »die russische Treppe« hinauf oder hinab, er kommt immer durch das legitime

Pförtchen des ehemaligen »Brühlschen Gartens«, bringt nie einen Hund oder einen Juden mit und geht in der »Fasanerie« nie anders als auf dem Mittelwege, der auch in der alten guten Zeit dem Publikum zu Fuß, außer der Brutzeit der Fasanen, offenstand.

Gewiß ist der konservative Christ vernünftig, und wären alle Deutschen Normalsachsen oder gäb' es keine Russen, die von Zeit zu Zeit kommen, um ihnen ihre Spaziergänge zu eröffnen, oder gäb' es keine Franzosen, die ihnen bei Jena die Zöpfe abschnitten, oder endlich gäb' es keine Preußen und keine Neuerungssucht in den Köpfen ihrer christlichen und heidnischen Könige – man lebte nirgends ruhiger als in Dresden. So aber sind für unser sächsisches Vaterland bei aller Herrlichkeit von innen noch große Erschütterungen von außen zu fürchten.

Die Welt ist vollkommen überall,
Wo der Mensch nicht hinkommt mit
seiner Qual.

Theodor Heuss

Der revolutionäre Architekt

Gottfried Sempers Weltruhm
ging von Sachsen aus

Die Dresdener Regierung hatte Schinkel 1834 die Leitung der Bauakademie angeboten. Der aber wollte Berlin nicht mehr verlassen und schlug den einunddreißigjährigen Hamburger vor, der ihn, kurz zuvor aus dem Süden heimkehrend, besucht, ihm seine Studien gezeigt, ihm von seinen Meinungen erzählt hatte. So stark muß der Eindruck gewesen sein, daß Schinkel keinen seiner Schüler, sondern eben diesen Unbekannten vorschlug – es ist die Weitergabe des Herrschaftszepters.

Die Dresdener hatten es nicht zu bereuen, daß sie Schinkels Rat folgten, denn Semper entwickelte hier nicht nur seine eminenten pädagogischen Talente, indem er den schematischen, abgezirkelten Schulbetrieb umwarf und die jungen Leute möglichst in praktische Aufgaben hereinzog, vor denen ihre eigenschöpferische Eignung sich erweisen konnte. Er hat selber für Dresden fruchtbar gedacht und gearbeitet. Leider ist sein Plan, von dem offenen Pöppelmannschen Zwinger zur Elbe hin eine forumartige Platzanlage zu gestalten, nicht ausgeführt worden; er hat ja selber dann den Museumstrakt angelegt und blieb, wie Keller mitteilt, unzufrieden, daß sein Entwurf Abänderungen erfuhr. Immerhin: die Vereinigung der Renaissance-Formen mit dem bewegten Barock ist taktvoll geglückt.

Der Weltruhm Sempers aber ging von dem Theater aus, das, 1840 fertiggestellt, 1868 abbrannte. Er hat auch den Neubau im großen entworfen, und er ist gewiß nicht schlecht, aber die frühere Lösung, bei der die dekorative Lust noch zurückhaltender geblieben, war ein Pionierstück gewesen: in der Gruppierung der Bauteile das große Muster vieler späterer Theaterbauten, doch kaum von einem erreicht...

Daß der Flüchtling Semper (wie Richard Wagner am Dresdener Maiaufstand von 1849 beteiligt – *UFP*) sich nach London wandte, wurde für ihn und durch ihn sehr folgenreich. Nicht als ob ihn dort große Bauaufträge erwartet hätten. Es bleibt eine seltsame Anekdote, daß der Ankömmling, der genügend Ruhm mit sich trug, 1852 den Auftrag erhielt, für den hochbetagt verstorbenen Herzog von Wellington den prunkvollen Leichenwagen zu entwerfen. Aber dies war schon die Folge seines Hervortretens als Kritiker und Anreger. Die Great Exhibition des Jahres 1851, an der er als Berater einiger kleiner Staaten beteiligt gewesen war, hatte ihn an die Frage der Formgestaltung der gewerblichen Erzeugnisse herangeführt; er war der erste, der die kommende Spannung erspürte, die zwischen den Begriffen Kunst und Industrie, Handarbeit und Maschine, Einzelfertigung und Massenproduktion entstanden war und in der Begegnung von historischen Kenntnissen und neuen technischen Verfahren und Stoffen mit der wahllosen Formfülle den katastrophalen Formverfall einleitete. Seine klärenden und warnenden Schriften blieben nicht ungehört; er bekam eine neue Aufgabe als Organisator und Lehrer einer

Gottfried Semper: erstes Opernhaus
(Hoftheater, 1838–1841; 1869 abgebrannt)

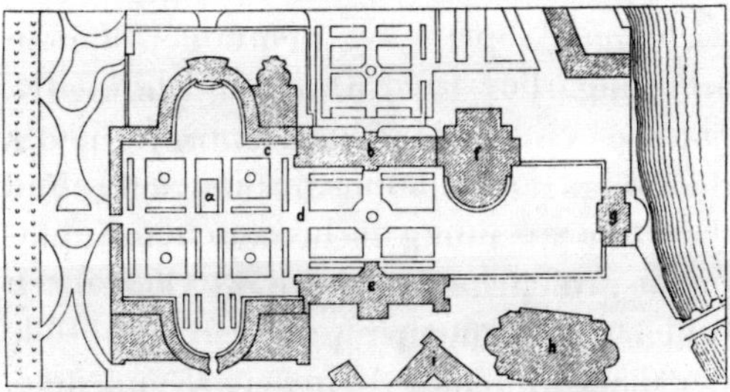

Sempers (unausgeführter) Forumplan:
zwischen Zwinger und Oper (f) die Orangerie (b),
gegenüber die Gemäldegalerie (e), an der Elbe
die hierher versetzte Neue Wache von Schinkel (g)

gehobenen Gewerbeschule, und nicht zuletzt seinen Anregungen verdankt das South-Kensington-Museum die Entstehung, jene außerordentliche Sammlung individueller und typischer Handwerksleistungen aus aller Welt.

Der Aufenthalt in London dauerte nur bis 1855, da ihn der Kanton Zürich an das neugeschaffene Polytechnikum berief. 1870 holte das kaiserliche Wien den alten Achtundvierziger, und wenn auch, ähnlich wie in Dresden, seine stärksten Baugedanken unausgeführt blieben – die einheitliche Gestaltung des Platzes an der Burg –, so gab er doch im Hofmuseum und im Burgtheater wichtige Akzente unter den neuen Bauten am Ring. Für das München Ludwigs II. hatte er ein Festspielhaus entworfen, das den Wagnerschen Opern gelten sollte; daß die kühne Planung nicht über das Papier hinausgedieh, lag an den unglücklichen örtlichen Widerständen ...

Viele seiner historischen Behauptungen und manche seiner theoretischen Forderungen mögen später abgelehnt, korrigiert oder verfeinert worden sein, die Rückschau kann ihn selber lediglich als den Exponenten einer Zeit des Übergangs deuten wollen – aber daß man am Mißverstehen seines Wollens Unbehagen empfinden mag, mindert nicht die tiefgehende Kraft seiner Anregung und die Wucht seines Beispiels. Die ungebrochene Vollendung seiner Bauideen ist ihm zumeist versagt geblieben, Kompromißlösungen wurden erzwungen, Mitarbeiter erhoben den eigenen Anspruch. Das erschwert die einheitliche Vorstellung seines urtümlichen Gestaltungsvermögens. Unzweifelhaft ist er aber eine der großartigsten Erscheinungen des deutschen 19. Jahrhunderts. Lenbach hat ihn wiederholt gemalt: der Kopf hat eine prachtvolle Plastik, starke große Augen, die überlegen blikken, in dem Mund steckt ein Wissen um Resignation, aber die herrische Stirne wölbt sich klar, und in dem Kinn steckt die Kraft eines beherrschten Willens (*Gottfried Semper ist 1879 in Rom gestorben*).

Richard Wagner

Der revolutionäre Komponist

Erinnerungen an den
Dresdner Mai-Aufstand von 1849

Der Sonntag (7. Mai) war einer der schönsten Tage dieses Jahres; ich wurde durch den Gesang einer Nachtigall geweckt, welcher aus dem unweiten Schützeschen Garten zu uns heraufdrang; eine selige Ruhe und Stille lag über der Stadt und der von meinem Standpunkt aus übersehenen weiten Umgebung Dresdens; nur gegen Sonnenaufgang senkte sich ein Nebel auf die letztere herab: durch ihn vernahmen wir plötzlich, von der Gegend der Tharandter Straße her, die Musik der Marseillaise klar und deutlich zu uns herdringen; wie sie immer mehr sich näherte, zerstreuten sich die Nebel, und hell beschien die glutrot aufgehende Sonne die blitzenden Gewehre einer langen Kolonne, welche von dorther der Stadt zuzog.

Es war unmöglich, dem Eindrucke dieser andauernden Erscheinung zu wehren; dasjenige Element, welches ich so lange im deutschen Volke vermißt und auf dessen Kundgebung verzichten zu müssen nicht wenig zu den bisher mich beherrschenden Stimmungen beigetragen hatte, trat plötzlich sinnfällig in lebensfrischester Farbe an mich heran; es waren dies nicht weniger als einige tausend gut bewaffnete und organisierte Erzgebirgler, meist Bergleute, welche zur Verteidigung Dresdens herangekommen waren. Bald sahen wir sie auf dem Altmarkt, dem Rathaus gegenüber, aufmarschieren und nach jubelnder Bewillkommnung dort zur Erholung vom Marsche sich lagern. Gleiche Zuzüge setzten sich fast den ganzen Tag über fort; und der Lohn der tapferen Tat des vorigen Tages schien sich in erhebender Weise einstellen zu wollen.

Im Angriffsplan der Truppen schien eine Veränderung eingetreten zu sein, was aus den mehrseitigen, aber nicht mehr so konzentrierten Attacken auf verschiedene Punkte zugleich sich erkennen ließ. Die Zugezogenen hatten vier kleine Kanonen mitgebracht, das Eigentum eines Herrn Thade von Burgk, welcher mir früher durch eine sehr wohlwollende, aber bis zur Lächerlichkeit langweilige Rede beim Stiftungsfest der Dresdener »Liedertafel« bekannt geworden war; woran es mich, da nun sein Geschütz von den Barrikaden gegen die Truppen abgefeuert wurde, sonderbar ironisch gemahnte.

Einen ungleich bedeutungsvolleren Eindruck erhielt ich aber, als ich gegen elf Uhr das alte Opernhaus, in welchem ich vor wenigen Wochen noch die letzte Aufführung der Neunten Symphonie dirigiert hatte, in hellem Brand aufgehen sah. Von je, wie ich gelegentlich schon erwähnt, war die Feuergefährlichkeit dieses mit Holz und Leinwand angefüllten, seinerzeit nur provisorisch errichteten Gebäudes der schrekkende Gegenstand der Befürchtung von Feuergefahr gewesen. Man sagte mir, es sei, um einem gefährlichen Angriff der Truppen von dieser bloßgelegten Seite her zu begegnen und zugleich die berühmte Sempersche Barrikade vor einer übermächtigen Überrumpelung zu schützen, aus strategi-

Die Schauspielerin Wilhelmine Schröder-Devrient
ruft am 3. Mai 1849 zum Kampf auf

schen Gründen in Brand gesteckt worden; woraus ich mir entnahm, daß derlei Gründe in der Welt ein für allemal mächtiger als ästhetische Motive bleiben, aus welchen seit langer Zeit vergeblich nach Abtragung dieses häßlichen, den eleganten Zwinger so arg entstellenden Gebäudes verlangt war.

Von so ungemein leicht brennbarem Stoff angefüllt, brach dieses in seinen Dimensionen sehr imposante Haus in kürzester Zeit in ein ungeheures Flammenmeer aus. Als dieses auch die Metalldächer der anliegenden Galerie des Zwingers erreichte und

Königlich Sächsisches Hoftheater.

Sonntag, den 20. November 1842.

Rienzi,

der Letzte der Tribunen.

Große tragische Oper in 5 Aufzügen von Richard Wagner.

Personen:

Cola Rienzi, päpstlicher Notar. — — Herr Tichatscheck.
Irene, seine Schwester. — — — Dem. Wüst.
Steffano Colonna, Haupt der Familie Colonna. — Herr Dettmer.
Adriano, sein Sohn. — — — Mad. Schröder-Devrient.
Paolo Orsini, Haupt der Familie Orsini. — Herr Wächter.
Raimondo, Abgesandter des Papstes in Avignon. — Herr Vestri.
Baroncelli, } römische Bürger. — — Herr Reinhold.
Cecco del Vecchio, } Herr Risse.
Ein Friedensbote. — — — — Dem. Thiele.

Gesandte der lombardischen Städte, Neapels, Baierns, Böhmens rc. Römische Nobili, Bürger und Bürgerinnen Rom's, Friedensboten. Barmherzige Brüder. Römische Trabanten.
Rom um die Mitte des vierzehnten Jahrhunderts.

Uraufführung von Wagners »Rienzi«

diese in wunderbar bläulichen Flammenwellen zu wogen begannen, äußerte sich unter uns Zuschauenden das erste Bedauern über den Vorgang; man glaubte, das Naturalienkabinett sei bedroht; andere dagegen bewiesen, es sei die Rüstkammer, wogegen ein Bürgerschütz äußerte: in diesem Fall sei es nicht schade, wenn dort die »ausgestopften Adeligen« verbrennten. Es schien aber, daß man aus Kunsteifer dem Weitergreifen des Brandes zu wehren wußte, welcher in Wahrheit dort nur geringen Schaden angerichtet hatte.

Endlich füllte sich unser bis dahin verhältnismäßig ziemlich ruhiges Observationsasyl mit immer größeren Scharen von Bewaffneten, welche hierher kommandiert waren, um von der Kirche aus den Zugang nach dem Alten Markt, dessen Angriff von der Seite der schlecht verwahrten Kreuzgasse her man befürchtete, zu verteidigen. Unbewaffnete hatten nun hier nichts mehr zu suchen; außerdem war mir eine Botschaft meiner Frau zugekommen, welche nach ausgestandener schrecklicher Beängstigung mich nach Hause rief.

Paula Modersohn-Becker

Keltertürme auf den Bergen

Ein Otto Modersohn in der Galerie

Dresden, im Februar 1901

Meine Reise von Berlin nach Dresden war wonnig. Überall saß der Frühling hinter jedem Strauch, und ich fühlte, wie es frische Knospen trieb. Die kleinen Bäche waren von dem schmelzenden Schnee hoch angeschwollen und rauschten hurtig dahin. Die Wiesen waren mit großen Lachen bedeckt, die dem blauen Himmel entgegenjauchzten. Überall saß der Frühling. Ich mußte an Zwintscher denken. Ich kam in seine Gegend mit den Weinbergen und den Obstbäumen darin und den runden Keltertürmen auf dem Kamm der Berge...

Ich habe lange, lange nichts von Dir gehört. Nun, dann denke ich immer, Du malst etwas Schönes, und als demütig Weib fühle ich, daß das natürlich vorgeht. Meine Verwandten grüßen Dich alle herzlich, und wir sind überall aufs freundlichste eingeladen...

Lieber, ich komme mir vor wie jenes Paar, das wir zusammen in Hamburg in der »Zauberflöte« sahen, das soundsoviele Proben überwinden muß, um endlich zur Glückseligkeit zu gelangen. So ist auch diese Dresdner Reise bei meinem Heimwehgefühl nur eine neue Probe. Mir wird hier so sehr viel unverdiente Liebe und Güte entgegengebracht. Aber weißt Du, ich bin der Welt müde und sehne mich nach meinem stillen

Paula Modersohn-Becker: Selbstbildnis (1905)

Stüblein und nach anderer Arbeit als Kochen und Umherreisen. Nun, bald hat die Sache ja auch ein Ende, und ich bin wieder bei Dir und in meinem Element. Der Fisch gehört eben ins Wasser und ich in die Einsamkeit. Das habe ich wieder mal gesehen. Nun, ich habe vielleicht einiges innerlich profitiert, noch außer dem Kochen.

Gestern stieß ich unerwartet auf Dein Bild mit dem alten Weiblein hier in der Dresdner Galerie. Das war eine große Freude, plötzlich diese bekannten lieben Töne klingen zu hören. Aber weißt Du, Deine letzten Bilder sind noch reifer, hauptsächlich technisch. Dies hast Du wohl auf einer anderen Untermalung gemalt? Da gibt es einige Unebenheiten in der Farbe, und die Hütte steht kompakter auf der Luft, als sie es jetzt tut. Es ist aber doch ein Otto Modersohn und macht mir Freude.

Peter von Zahn

Dezenter als auf St. Pauli

Mein Abenteuer
auf der Großen Frohngasse

Die Pille war noch nicht erfunden, ein uneheliches Kind galt in bürgerlichen Kreisen als beinahe so schändlich wie zu des jungen Goethes Zeiten. Um Abtreibungen wurden Dramen geschrieben.

Wir Jünglinge wurden unentwegt durch Ausstellungen getrieben und mit Filmen geplagt, in denen uns die Folgen von Tripper und Syphilis in abschreckenden Farben gezeigt wurden. Ich kippte einmal vor einem solchen Exponat ohnmächtig um. Die Beschreibung von Geschlechtskrankheiten erfolgte in der Sprache des Krankenreviers einer Kaserne. Die öffentliche Debatte der achtziger Jahre über Aids war ästhetisch weniger abstoßend und verriet weit mehr Mitgefühl.

Dieses alles hinderte mich selbstverständlich nicht daran, trotz Angst und schlechten Gewissens das Heil endlich einmal auf der Großen Frohngasse zu suchen. Es ging dort nicht zu wie auf St. Pauli – das Angebot war etwas dezenter, die Dekoration weniger aufwendig.

Die kleine Stube zu ebener Erde in einem uralten hohen Haus wurde durch einen Kanonenofen geheizt, auf dem ein Topf mit heißem Wasser stand. Es gab ein Bett, einen Kleiderständer, einen Stuhl, einen Spiegel. Es roch nach Tosca und Nivea-Creme. Der Preis für die einfachste Ausführung betrug zwei Mark und mußte vorher entrichtet werden. Ich bildete mir ein, vor dem Abschied etwas Konversation machen zu müssen, und erkundigte mich weltmännisch nach dem Geschäftsgang. Es war ... eine Zeit relativer Prosperität. So hörte ich denn, daß die Leute das, was wir gerade getan hatten, immer ganz gern tun – jedoch gewöhnlich nicht in solch blödsinniger Hast.

Dieser Wink mit dem Zaunpfahl genügte. Ich sputete mich, zu Haus meiner etwas vergeßlichen Großmutter fünf Mark aus dem Portemonnaie zu stibitzen, und kehrte spornstreichs zu einer De-Luxe-Prozedur zurück. Zur Belohnung bekam ich einen schwesterlichen Kuß, der mir immer als die keuscheste und liebenswürdigste Verabschiedung in Erinnerung geblieben ist.

C. Hullmandel: Die (1945 zerstörte) Rampische Gasse

Max Pechstein

Gedämpfte Tulpenglut

Die »Brücke« mit Erich Heckel,
Ernst Ludwig Kirchner und
Karl Schmidt-Rottluff

Im Sommer 1906 erstand auf dem Ausstellungsgelände in Dresden die Internationale Raumkunstausstellung. Im Frühling hatte ich im Garten des Zwingers ein Beet von brennend roten Tulpen gesehen. Es berauschte mich wie die gelben Sonnenblumen von Goppeln, oder wie mich im Museum für Völkerkunde Schnitzereien an Dachbalken und Querbalken von den Palau-Inseln im Stillen Ozean mit Sehnen erfüllt hatten, als ahnte ich schon diese ferne tropische Welt. Das Tulpenbeet vom Zwinger »schmiß« ich auf die Leinwand. Es existiert nicht mehr. Aber für meine Augen war die rote Glut eine Fanfare.

Für den sächsischen Pavillon der Ausstellung sollte ich im Auftrag der Architekten Lossow und Max Hans Kühne ein Deckenbild und ein Altarbild malen, wie auch einige kleinere Deckenbilder für Professor Wilhelm Kreis. In dem großen Deckenbild variierte ich meine Tulpen. Doch als ich vor der Eröffnung hinging, sah ich mit Entsetzen, daß man das brennende Rot durch graue Spritzer gedämpft, ernüchtert, dem Normalgeschmack angepaßt hatte. Das Gerüst war verschwunden; ohnmächtig stand ich unten und konnte nicht mehr zu meiner Arbeit in die Höhe gelangen. Wütend machte ich meinem Herzen Luft. Plötzlich stand jemand neben mir, der mir im Schimpfen sekundierte. Es war Erich Heckel, damals noch bei Kreis beschäftigt. Beglückt entdeckten wie einen restlosen Gleichklang im Drang nach Befreiung, nach einer vorwärts stürmenden, nicht durch Konvention gehemmten Kunst. So stieß ich zu der Vereinigung der »Brücke«, zur Gruppe Heckels, Ernst Ludwig Kirchners und Schmidt-Rottluffs, der im Herbst von Alsen zurückkam, wo er bei Emil Nolde gearbeitet hatte, und an der Technischen Hochschule in Dresden studierte. Er nahm jedoch nicht teil an unserem zu dritt betriebenen lebhaften Skizzieren der bewegten Modelle, sondern saß meist in dem kleinen Laden, den wir in der Dresdner Friedrichstadt mieteten, ein Pfeifchen schmauchend, im Hintergrund.

Im Frühjahr des Jahres 1907 hatte die »Brücke« erstmals Gelegenheit, sich öffentlich zu zeigen. Heckel hatte für einen Fabrikanten von Beleuchtungskörpern die Ausstattung eines Mustersaales übernommen. Da die Kronen und Ampeln ja von der Decke herabhingen, waren die Wände frei, und so hängten wir daran unsere revolutionierenden Gemälde auf. Die Graphik ordneten wir unter Glas in Pultkästen. Es gab ein wildes Geschrei, nicht nur in der Dresdner Presse, sondern im ganzen Kunstleben. Das Café Central am Alten Markt, in dem man die deutschen Kunstzeitschriften durchblättern konnte, war so ziemlich die einzige Stelle, an der wir uns hin und wieder sehen ließen. Dem braven, in ausgetretenen Bahnen wandelnden Spießer waren wir willkommene Objekte zum Belachen und Verspotten. Aber das beirrte uns nicht. Stolz fühlten wir uns als Träger einer Mission, dem Holländer van Gogh, dem Norweger Edvard Munch in der Kunst verwandt. Inzwischen waren außer Nolde der Finne Axel Gallén und der Schweizer Cuno Amiet Mitglieder der »Brücke« geworden.

Max Pechstein: »Brücke«-Plakat von 1909 mit Schmidt-Rottluff (oben), Heckel (links), Kirchner (rechts) und Pechstein (unten)

Prinz Ernst Heinrich von Sachsen

Mein Vater, der König

Friedrich August III. von Sachsen

Unser tägliches Leben zeichnete sich mit Ausnahme von festlichen Anlässen und Besuch von Gästen durch ausgesprochene Einfachheit aus. Der Mittagstisch unterschied sich kaum von dem eines jeden Bürgers. Der König schätzte die deutsche Küche und wünschte keine komplizierten Gerichte. Nach seiner Auffassung dienten die Mahlzeiten in erster Linie der Ernährung und nicht den Gaumenfreuden. Mittags gab es eine Suppe, ein Gericht und eine Nachspeise, abends ein Gericht und Obst. Bei den Mahlzeiten trank er ein oder zwei Gläser leichten Weißwein; Süßwein und Schnäpse gab es nur, wenn Gäste anwesend waren...

Außerhalb der Pflichten als Herrscher bewegte er sich überall wie jeder seiner Untertanen; das war für ihn Selbstverständlichkeit und auch Erholung. Er war ein passionierter Spaziergänger. Die sonntäglichen Ausflüge machte er mit uns ganz allein, keine Polizeibehörde wurde verständigt, und niemand machte sich Sorgen um den wandernden König. Nachmittags kehrten wir zu Kaffee und Kuchen ein, im Sommer im Freien. Dann wurde der erste beste freie Tisch genommen. Für die Sonntagsausflügler war es keineswegs eine Sensation, ihren König in Zivil mitten unter sich Kaffee trinken zu sehen. Oft durchwanderte er die Dresdner Heide und fuhr dann von Klotzsche nach Dresden Neustädter Bahnhof, von wo er im Wagen zum Schloß fuhr.

Als er einmal, Zigarre rauchend, auf dem Bahnhof in Klotzsche auf den Zug wartete, trat ein Herr auf ihn zu und bat ihn um Feuer. Es entspann sich zwischen den beiden ein lebhaftes Gespräch, das, als der Zug in Sicht kam, mit einem herzlichen »Auf Wiedersehen« endete. Der Stationsvorsteher geleitete meinen Vater zu dem reservierten Abteil und fragte: »Wissen Euer Majestät auch, mit wem Euer Majestät eben gesprochen haben? Das war August Bebel,

Friedrich August III. (1865–1932),
Sachsens letzter König

der Führer der Sozialdemokratischen Partei.«

Die SPD war zu dieser Zeit sehr radikal, für den Klassenkampf und gegen die Monarchie. Bebel hatte anscheinend auch nicht gewußt, mit wem er gesprochen hatte.

Am 9. November 1918 wurde meinem Vater die Ausrufung der Republik in Berlin und die Flucht des Kaisers gemeldet. Es werde mit einem Aufmarsch meuternder Ersatztruppenteile und unzufriedener Arbeiter in der Innenstadt von Dresden gerechnet. Daraufhin berief er die Mitglieder des Gesamtministeriums, den stellvertretenden Kommandierenden General des XII. Armeekorps und den Stadtkommandanten von Dresden zu einer Besprechung über die Lage. Alle Anwesenden waren sich darüber im klaren, daß ein Vorgehen gegen den Aufruhr nicht möglich wäre. Zudem hatte die Revolution bereits ganz Deutschland erfaßt. Der König blieb völlig ruhig, er erkannte die Lage in vollem Umfang. Das Gesamtministerium riet ihm, Dresden zu verlassen, um etwaigen Schwierigkeiten aus dem Wege zu gehen. Mein Vater nahm diesen Rat an...

November 1966 – ich lande, von Zürich kommend, in Hamburg-Fuhlsbüttel. Ein Polizeibeamter, etwa 35 Jahre alt, kontrolliert die Pässe. Er blättert in meinem Paß herum, sieht mich an und sagt:

»Macht euren Dreck alleene –– das war wohl der Vater.«

»Ja«, antwortete ich, »mein Vater war der König Friedrich August.«

»Großartig, der hat es ihnen aber richtig gegeben!«

Ähnliche Unterhaltungen hatte ich öfter. Dieser Ausspruch, der meinem Vater zugeschoben wurde, hat ihn ungeheuer populär gemacht. Man sah und sieht heute noch in diesem Wort eine Art volkstümliche Reaktion, so etwa: Ihr habt mich abgesetzt, obwohl ich meine Sache als Staatsoberhaupt anerkannterweise richtig gemacht habe und beliebt war. Nun sollen die nach mir Kommenden, die Ungeschulten und Unerfahrenen die ganze Bürde übernehmen und beweisen, was sie können. –

Sicher hat mein Vater solche Gedanken gehabt und sie auch gelegentlich zum Ausdruck gebracht. Die populäre Formulierung aber, die derb und typisch sächsisch ist, soll von dem sozialdemokratischen Abgeordneten und späteren Innenminister Sindermann stammen. Als er von der Abdankung des Königs erfuhr, soll er geäußert haben:

»Nun wird er wohl sagen, ›macht euren Dreck alleene‹.« Die dies hörten, meinten, der König hätte tatsächlich diesen Ausspruch getan, so machte er mit Blitzesschnelle die Runde. Mein Vater hat sich darüber nie aufgeregt, weil er Humor hatte und wußte, daß es nicht böswillig gemeint war.

Nach einer Kur im Jahre 1919 im Sanatorium Wigger in Garmisch ging die Rückreise nach Breslau über Leipzig. Dort hatte der Zug in einem Vorort einen längeren Aufenthalt. Es war am frühen Morgen, und viele Leute fuhren zur Arbeit. Wie ein Lauffeuer ging es um, daß König Friedrich August in einem reservierten Abteil des D-Zuges sei. Eine große Menschenmenge sammelte sich, und alle riefen: »Hoch unser Geenich, hoch August!« Es war das ein ganz spontaner Ausbruch, wie er nur möglich ist bei einer Persönlichkeit, die einen Platz im Herzen des Volkes hat. Mein Vater war überrascht und erfreut. Er erschien am Abteilfenster und winkte heraus. Immer lauter wurden die Hoch-Rufe, untermischt von einzelnen Stimmen: »Wiederkommen, wiederkommen!« In der Tat waren die Demonstranten Angehörige des sogenannten werktätigen Volkes und wohl in großer Mehrzahl Sozialdemokraten. Bei diesem Anlaß nun soll mein Vater gesagt haben: »Ihr seid mir aber schöne Republikaner.«

Ich fragte ihn später danach. »Nein«, sagte er, »so nicht. Ich habe wohl gesagt: ›das sind aber eigenartige Republikaner‹ – aber natürlich nicht zu den Leuten.«

Franz von Stuck: Plakatentwurf 1911

Gert Fröbe

Gret Palucca, Otto Dix und viel Mehl

Eine Begegnung in der Prager Straße

Theaterfreikarten sind für einen permanent hungrigen jungen Mann, der knapp bei Kasse ist, eine zweischneidige Sache. Einerseits sieht er Aufführungen, die er sich nicht hätte leisten können, andererseits verlängern diese Theaterbesuche die Abende bis kurz vor Mitternacht. Und das bedeutet: Je später es wird, um so mehr knurrt der Magen. Bei mir kam eine zusätzliche Schwierigkeit dazu. Mein Heimweg führte durch die Prager Straße mit ihren verlokkenden Auslagen in eleganten Geschäften. Eines war besonders gefährlich – ein Automaten-Restaurant. Eine Neuheit damals. Es gab weder Verkäuferinnen oder Verkäufer, sondern hinter kleinen Glasfenstern lagen belegte Semmeln, Wurst, Obst. Eine ganze Wand nahmen diese gläsernen Kästen ein.

Man brauchte nur eine Mark einzuwerfen, schon sprang die Glasscheibe hoch, und man holte sich heraus, was das Herz oder der Magen begehrte. Fabelhaft. Für eine Mark konnte man sich satt essen.

Meist aber hatte ich nicht einmal eine Mark in der Tasche, dafür jedoch einen Hunger, für den »Kohldampf« noch eine Untertreibung war. Als ich nach einem Theaterbesuch mit forschem Schritt an diesem Ort der kulinarischen Versuchung stramm vorbeigehen wollte, den Blick auf die andere Straßenseite gerichtet, bremste ein Acht-Zylinder neben mir am Straßenrand. Ein Herr und eine quirlige kleine Dame stiegen aus und eilten in das Automaten-Restaurant. Sie hatte einen weißen Ledersack dabei, und der elegante Herr klimperte mit einer Hand voller Markstücke. So an die zwanzig dürften es schon gewesen sein. Der Autotyp, die Kleidung der beiden und das viele Geld paßten so gar nicht in diese Umgebung.

Da war meine Neugier nun doch größer als mein Hunger. Ich folgte den beiden in das Restaurant. Der Herr stand an der Automatenwand und warf in einen Schlitz nach dem anderen die ganze Reihe entlang Mark für Mark, während seine Begleiterin die Fächer ausräumte und die Semmeln, Würste und Weintrauben in ihren Ledersack warf. Das alles ging unter Lachen und Flaxen vonstatten. Wie die beiden die Fächer ausräumten, das hatte sowohl etwas von dem gierigen Zwang der Glücksspieler als auch von der Professionalität von Bankräubern. Damals kannte ich weder das eine noch das andere, aber später in Las Vegas und bei Filmaufnahmen von Bankräubern habe ich mich an das seltsame Paar erinnert, das ebenso rasch und ebenso lachend aus dem Lokal verschwand, wie es gekommen war ...

Ein paar Tage nach dieser Begegnung ging ich mit Künstlerhut und Fliege am Nachmittag wieder einmal durch die Prager Straße. Vor einem der eleganten Schaufenster stand eine aparte junge Dame. Blasser Teint, glattes brünettes Haar mit kleiner roter Baskenmütze. Am auffallendsten aber waren ihre kräftigen, fast wulstigen Lippen.

Mein erster Gedanke: Die kenn ich! Mein

zweiter Gedanke: Nicht sie persönlich kenne ich, aber ein Bild, ein Gemälde von ihr. Und dann machte es klick, und ich wußte, woher ich dieses Fräulein kannte: Otto Dix hatte sie gemalt! Sie mußte sein »Junges Mädchen« sein, alles stimmte, bis auf die Augen ... Ich faßte mir ein Herz und sprach sie an: »Verzeihen Sie, es ist sonst nicht meine Art, Damen einfach auf der Straße ... aber ich möchte nur wissen, haben Sie Otto Dix für sein Bild ›Junges Mädchen‹ Modell gesessen?« Sie nickte bestätigend, Fliege und Künstlerhut unterstrichen, daß auch ich zur malenden Zunft gehörte, und wir kamen ins Gespräch. Ich erfuhr, daß sie Tänzerin war und Vogelsang hieß.

Wie wir so redeten, kam aus einem der Geschäfte jene kleine quirlige Dame, die ich im Automaten-Restaurant gesehen hatte. Mit federnden Schritten ging sie auf das Fräulein Vogelsang zu und fragte: »Worüber redet ihr denn?«

»Der junge Mann ist Maler, er hat mich gefragt, ob mich der Otto gemalt hat.«

Da war ich baff. Ich hätte nie den Mut gehabt, von einem so großen Maler einfach

Otto Dix: Bildnis eines jungen Mädchens (1928)

per »Otto« zu sprechen. Aber damit nicht genug. Die nächste Überraschung folgte sogleich: Das Dix-Modell stellte mich der kleinen Dame vor und nannte deren Namen: Gret Palucca. Die Palucca war in der Tanzszene mindestens so berühmt wie Otto Dix als Maler. Neben Mary Wigman und

Harald Kreutzberg zählte sie zu den prominentesten Vertreterinnen des modernen Ausdruckstanzes.

Da stand ich nun, der junge unbekannte Bühnenmaler, neben einer der großen Tänzerinnen unserer Zeit und einer anderen, die von Otto Dix einfach als »Otto« sprach. Ich gestehe, daß ich so etwas wie Minderwertigkeitskomplexe bekam. Dieser Umgang schien mir doch eine Nummer zu groß. Aber gerade als ich mich verabschieden wollte, hielt der Acht-Zylinder von neulich nacht am Straßenrand, und derselbe Herr, der mit den vielen Markstücken geklimpert hatte, stieg quietschvergnügt aus. Die drei duzten sich, und ich, ich wurde ihm als Maler und Schüler von Professor Adolf Mahnke vorgestellt.

Er war sofort Herr der Situation und schlug vor: »Hier ist's so ungemütlich. Gehen wir doch auf einen Kaffee in die ›Barbarina‹.« Die Damen waren sofort einverstanden.

An der »Barbarina« war ich ein paar hundertmal vorbeigegangen. Doch schon der Eingang zu diesem vornehmen Kellerlokal machte mir klar: Da kannst du nicht reingehen, da reicht dein Geld wahrscheinlich nicht mal für den Eintritt und die Garderobe. So verlockend es war, ein solches Nobelrestaurant im Schlepptau von Prominenten kennenzulernen, so riskant war es auch, denn mir war nicht klar, ob dieser Vorschlag eine Aufforderung oder eine Einladung war. Meine Neugier siegte. Als ein befrackter Kellner Kaffee, Tee und Cognac serviert hatte und den Rechnungsbon unter den Untersetzer des Acht-Zylinder-Herrn schob, besserte sich meine Laune schlagartig.

Bis zu diesem Moment war ich nur Zuhörer gewesen. Das Gespräch war an mir vorbeigelaufen. Jetzt, erleichtert, wollte ich auch etwas zur Konversation beitragen, und ich fragte den Herrn, was er denn so beruflich mache.

»Och«, sagte der, »Sie werden lachen, wir sind sozusagen Kollegen, ich male auch!« Ich schluckte, der Tag hatte es in sich. Ich war auf einen weiteren Prominenten gefaßt. Sein Auftreten und die zuvorkommende Art der Bedienung sprachen dafür, daß er wohl ein sehr bekannter Künstler sein mußte. Die beiden Damen hatten so ein vergnügtes Blitzen in den Augen, sicher amüsierten sie sich, daß ich ihren Begleiter nicht kannte. Aber nun hatte ich mit der Fragerei begonnen und konnte nicht einfach aufhören.

»Wie oder was malen Sie denn? Impressionistisch, naturalistisch – was ist Ihr Stil?«

Er schaute mich amüsiert an und sagte voller Bedeutung: »Ich male ganz natürlich.« – Pause – »Ich ma(h)le Mehl.« Die beiden Damen prusteten ganz unvornehm, und ich muß so blöd wie selten dreingeschaut haben. Er fügte hinzu: »Mein Name ist Bienert.« Da war mir alles klar, und jeder, der Dresden von damals kennt, weiß warum: An jedem Straßenbahnwagen stand oben groß »Bienert-Mehl«.

Der Herr war der Mühlenbesitzer Bienert, der so viel Mehl mahlte, daß ganz Sachsen damit Brot, Semmeln und Kuchen buk. Nun gab es keinen Zweifel mehr, daß ich eingeladen war. *(Die Kunstsammlerin Ida Bienert war die Frau des steinreichen Mühlenbesitzers, siehe Seite 97ff. – UFP.)*

Will Grohmann

Die Avantgarde von damals

Ida Bienerts Sammlung moderner Kunst im Jahre 1932

Die Sammlung Ida Bienert ist nach der Auflösung der Sammlung Rothermundt (1920) und nach der Übersiedlung der Impressionistensammlung von Oskar Schmitz nach Zürich (1931) die einzige große Privatsammlung neuer Kunst in Dresden, die sich allen Schwierigkeiten der Zeit zum Trotz erhalten hat. Es gibt selbstverständlich auch in Dresden zahlreiche Kunstfreunde, die gelegentlich ein wertvolles Werk erwerben, besonders hingewiesen sei auf die vorzügliche Kollektion neuerer Handzeichnungen von Hermann Müller und auf den verstreuten, aber ausgedehnten Vorrat an Werken des Malers Dix und seines Kreises, aber als Privatsammlung von internationalem Ruf kann heute nur noch die Sammlung Ida Bienert bezeichnet werden.

Die Sammlung ist seit 1911 von der Besitzerin aufgebaut worden, ohne daß von irgendeiner Seite ein nennenswerter Einfluß ausgeübt worden wäre. Irgendwelche Rücksichten repräsentativer oder materiel-

Nicht in der Sammlung: Oskar Kokoschkas
Augustusbrücke mit Dampfer (1923)

ler Art haben beim Aufbau keine Rolle gespielt, ebensowenig sind landschaftliche, nationale oder geschichtliche Gesichtspunkte bestimmend gewesen. Lediglich ein aktuelles und schöpferisches Zeitbewußtsein, das sich parallel der neueren Kunst entwickelt hat, war entscheidend und hat diese Sammlung als ein ganz persönliches Werk geschaffen...

Die Sammlung Ida Bienert setzt ein mit einem 1911 erworbenen Cézanne und führt bis zu Klee unter Einschluß der konstruktiven Tendenzen; sie enthält aber ganze Provinzen der letzten Entwicklung nicht, weder ein Werk der »Brücke« noch ein Werk des magischen Realismus. Was fehlt, ist für die Sammlung ebenso kennzeichnend wie das, was vorhanden ist. Sie enthält ein Stück miterlebter und wohl auch mitgestalteter Geschichte unter Betonung dessen, was der eigenen Veranlagung entsprach. Das ist das Entscheidende, daß ein geistiges Bedürfnis, der Wunsch vielleicht nach Erhöhung des Lebensgefühls am Anfang stand und daß die Manifestation dieses Lebensgefühls immer mehr zu einer Leistung führte, die nicht bloß Dienst an der Kunst war, sondern Dienst an der Öffentlichkeit wurde, aufklärend und Richtung weisend. Es unterliegt keinem Zweifel, daß die Sammlung Bienert Schrittmacherdienste für die neue Kunst geleistet hat, und bezeichnenderweise haben kunstliebende Besucher diese auf das übrige Kunstleben Dresdens ausstrahlende Kraft in den meisten Fällen stark empfunden. Daß z. B. Paul Klee und Kandinsky frühzeitig in Dresden eine größere Rolle spielten als andernorts, ist mit ein Verdienst Ida Bienerts gewesen...

Die Sammlung wird gegründet mit der »Waldlandschaft« Cézannes im Jahre 1911. Bereits während des Krieges kommen außer Renoir, Monet, van Gogh, Gauguin, die die Sammlung nach rückwärts unterbauen, Picasso, Kandinsky, Klee, Chagall, Kokoschka hinzu, von denen Picasso, Kandinsky und Klee weiterergänzt werden. 1925 folgen Konstruktivisten wie Moholy-Nagy, Lissitzky, Mondrian, etwas später Feininger und Marc, zuletzt Schlemmer und rückschauend ein schöner H. v. Marées. Mit wenigen Ausnahmen treten die Künstler mit ihren jeweilig neuesten Arbeiten in die Sammlung ein, nicht mit irgendwelchen Hauptwerken ihrer Entwicklung.

Es sind Maler der verschiedensten Nationen hier vereinigt, Deutsche, Franzosen,

Italiener, Spanier, Russen, Holländer, Ungarn, und dennoch gewinnt der Besucher den Eindruck größter Geschlossenheit, denn die Bilder schließen sich zu einer einheitlichen Manifestation des metaphysisch gerichteten Kunstgeistes seit 1900 zusammen. Und so sind sie auch gehängt, nach inneren Beziehungen, nicht nach Schulen oder Nationen. Wohl haben wir keinen Kubismus gehabt, die Franzosen keine imaginative Kunst und keinen »Blauen Reiter«, aber die verschiedenen Äußerungsformen des neuen Kunstgeistes gehen überall im Europa des zwanzigsten Jahrhunderts auf eine Quelle zurück, den Willen zur Allseitigkeit und Transzendenz, im Verhältnis zu welcher die optische Wirklichkeit nur ein Gleichnis ist.

Stefan Zweig

Richard Strauss bei Hitler

Die schweigsame Frau in
der Semperoper

Januar 1933, als Adolf Hitler zur Macht kam, war unsere Oper, die »Schweigsame Frau«, in der Klavierpartitur so gut wie fertig und ungefähr der erste Akt instrumentiert. Wenige Wochen später erfolgte das strikte Verbot an die deutschen Bühnen, Werke von Nichtariern oder auch nur solche aufzuführen, an denen ein Jude in irgendeiner Form beteiligt gewesen; sogar auf die Toten wurde der große Bann ausgedehnt und zur Erbitterung aller Musikfreunde der Welt Mendelssohns Standbild vor dem Gewandhaus in Leipzig entfernt.

Für mich schien mit diesem Verbot das Schicksal unserer Oper erledigt. Ich nahm als selbstverständlich an, daß Richard Strauss die weitere Arbeit aufgeben und eine andere mit jemand anderem beginnen würde.

Statt dessen schrieb er mir Brief auf Brief, was mir denn einfiele; im Gegenteil, ich solle, da er jetzt schon an die Instrumentation gehe, für seine nächste Oper den Text vorbereiten. Er denke nicht daran, sich von irgend jemandem die Zusammenarbeit mit mir verbieten zu lassen; und ich muß offen bekennen, daß er im Verlauf der ganzen Angelegenheit mir kameradschaftliche Treue gehalten hat, solange sie zu halten war. Freilich traf er gleichzeitig Vorkehrungen, die mir weniger sympathisch waren – er näherte sich den Machthabern, kam öfters mit Hitler und Göring und Goebbels zusammen und ließ sich zu einer Zeit, da selbst Furtwängler sich noch offen auflehnte, zum Präsidenten der nazistischen Reichsmusikkammer ernennen...

Die Partei drückte sich um die Entschließung herum, solange dies irgendwie zu bewerkstelligen war. Aber Anfang 1934 mußte sie sich endlich entscheiden, ob sie sich gegen ihr eigenes Gesetz oder gegen den größten Musiker der Zeit stellen wollte. Der

Termin duldete keinen weiteren Aufschub. Die Partitur, die Klavierauszüge, die Textbücher waren längst gedruckt, im Hoftheater von Dresden die Kostüme bestellt, die Rollen verteilt und sogar schon studiert, und noch immer hatten sich die verschiedenen Instanzen, Göring und Goebbels, Reichsschrifttumskammer und Kulturrat, Unterrichtsministerium und die Streichergarde nicht einigen können. So sehr all das als Narrentraum erscheinen mag, die Affäre der »Schweigsamen Frau« wurde schließlich zu einer aufregenden Staatsangelegenheit.

Von all den Instanzen wagte keine die volle Verantwortung für das erlösende »bewilligt« oder »verboten« zu übernehmen: so blieb nichts übrig, als diese Angelegenheit der persönlichen Entscheidung des Herrn Deutschlands und Herrn der Partei, Adolf Hitler, anheimzustellen. Meine Bücher hatten schon vordem die Ehre genossen, reichlich von den Nationalsozialisten gelesen zu werden; insbesondere war es der »Fouché« gewesen, den sie als Vorbild politischer Unbedenklichkeit immer wieder studierten und diskutierten. Aber daß sich, nach Goebbels und Göring, Adolf Hitler persönlich einmal würde bemühen müssen, die drei Akte meines lyrischen Librettos ex officio zu studieren, dessen war ich wahrhaftig nicht gewärtig gewesen. Die Entscheidung fiel ihm nicht leicht. Es gab, wie ich hinterdrein auf allerhand Umwegen berichtet bekam, noch eine endlose Reihe von Konferenzen.

Die »Elektrische Hinrichtung«: Karikatur auf die Oper »Elektra« (1909) von Richard Strauss

Schließlich wurde Richard Strauss vor den Allgewaltigen zitiert, und Hitler teilte ihm in persona mit, daß er die Aufführung, obwohl sie gegen alle Gesetze des neuen Deutschen Reiches verstoße, ausnahmsweise gestatte, eine Entscheidung, wahrscheinlich ebenso unwillig und unehrlich gegeben wie die Unterzeichnung des Vertrages mit Stalin und Molotow.

So brach dieser schwarze Tag für das nationalsozialistische Deutschland heran, daß noch einmal eine Oper aufgeführt wurde, wo der geächtete Name Stefan Zweig auf allen Anschlagzetteln paradierte. Ich wohnte selbstverständlich der Aufführung nicht bei, da ich wußte, daß der Zuschauerraum von braunen Uniformen strotzen würde und sogar Hitler selbst zu einer der Aufführungen erwartet wurde. Die Oper errang einen sehr großen Erfolg, und ich muß zu Ehren der Musikkritiker feststellen, daß neun Zehntel von ihnen die gute Gelegenheit begeistert nutzten, noch einmal, zum letztenmal, ihren inneren Widerstand gegen den Rassenstandpunkt zeigen zu dürfen, indem sie die denkbar freundlichsten

Worte über mein Libretto sagten. Sämtliche deutschen Theater, Berlin, Hamburg, Frankfurt, München, kündigten sofort die Aufführung der Oper für die nächste Spielzeit an.

Plötzlich, nach der zweiten Vorstellung, kam ein Blitz aus den hohen Himmeln. Alles wurde abgesagt, die Oper über Nacht für Dresden und ganz Deutschland verboten. Und noch mehr: man las erstaunt, daß Richard Strauss seine Demission als Präsident der Reichsmusikkammer eingereicht habe. Jeder wußte, daß etwas Besonderes geschehen sein mußte. Aber es dauerte noch einige Zeit, ehe ich die ganze Wahrheit erfuhr. Strauss hatte wieder einmal einen Brief an mich geschrieben, in dem er mich drängte, doch bald an das Libretto einer neuen Oper zu gehen, und in dem er sich mit allzu großer Freimütigkeit über seine persönliche Einstellung äußerte. Dieser Brief war der Gestapo in die Hände gefallen. Er wurde Strauss vorgelegt, der daraufhin sofort seine Demission geben mußte, und die Oper wurde verboten.

Ruth Alton

Als Dresden brannte

Ein jüdischer Häftling am 13. Februar 1945

Der Lärm ist ohrenbetäubend. Häuser, Straßen und Stadtteile fliegen in die Luft. Fabriken und Bahnhöfe stürzen zusammen. Riesige Bombenkrater verschlucken ganze Gegenden. Die Stadt Dresden brennt. Es ist taghell.

Schon lange sind die Fenster unseres Kellers vom ungeheuren Luftdruck zersplittert, und der eisige Februarwind hat ungehindert Zutritt. Die Menschen um mich herum jammern und schreien. Sie stehen zu einem dichten Knäuel geballt an der Ausgangstür des Luftschutzraumes. Diese Tür wird von der SS, die mit ihren Gewehren davorsteht, streng bewacht. Ich stehe mit Betty, so heißt meine Dresdner Freundin, ein wenig abseits an einen großen Pfeiler gelehnt...

Unser Haus brennt jetzt ebenfalls lichterloh. Glücklicherweise wurde es aber von einer Brand- und nicht von einer Sprengbombe getroffen. Das Schreien der Schwachen und Kranken, die oben im vierten Stock bleiben mußten, weil sie nicht fähig waren, in den Keller zu laufen, ist herzzerreißend. Man versucht, mit nassen Tüchern vor Mund und Nase, nach oben vorzudringen, aber die Krankenstube ist schwer zu erreichen, und kaum jemand konnte gerettet werden.

Im vierten Stock ist auch das Lebensmittelmagazin. Viele, die sich an der Rettung der Menschen beteiligen wollten, haben den Weg dorthin genommen. Sie wollen sich, ehe auch sie sterben müssen, noch einmal satt essen. Mit schwelenden Kleidern, die Augen vom beißenden Rauch geschwollen, kommen sie mit ihrer Beute in den Keller zurück. Für einige Minuten vergessen die meisten die Gefahr und stürzen sich wie die wilden Tiere auf die Nahrungsmittel.

Weiter und immer weiter greift das Feuer um sich. Der vierte Stock ist schon nicht mehr da. Nicht nur die Menschen, die dort oben waren, auch das ganze Lebensmittelmagazin wurde ein Raub der Flammen. Das Feuer wütet jetzt im dritten Stock, und noch immer hält man uns im Keller gefangen. Erst als es sich auch in der zweiten Etage auszubreiten beginnt und Einsturzgefahr droht, läßt man uns aus dem brennenden Haus. Man wirft uns große nasse Tücher zu, in die wir uns hüllen. So eilen wir durch die nach uns züngelnden Flammen. Auch draußen ist die Luft rauchgeschwängert, und ein

Gottfried Semper: die Dresnder Synagoge (1838–1840; 1938 niedergebrannt)

Funkenregen wirbelt auf uns nieder. Dazu bläst der Wind so stark, daß wir nur mit äußerster Anstrengung vorwärtsgehen können. Die Stadt ist ein einziges Flammenmeer.

Wir werden durch die Nacht getrieben. Wohin wissen unsere Führer wohl selbst nicht. Ich gehe mit Betty eng aneinandergeschmiegt unter meinem Mantel, da sie den ihren, der nun verbrannt ist, nicht mit zur Nachtschicht genommen hatte, und vor Kälte zittert. Mit ihr teile ich im Morgengrauen, als wir auf einer nassen Wiese am Elbufer stehen, mein letztes Stück Brot.

Endlich führt man uns wieder in den Keller unserer Fabrik zurück. In der Stadt wütet noch immer das Feuer. Müde und erschöpft liegen wir auf der Erde herum, bis es am anderen Nachmittag plötzlich heißt: »Alle auf der Straße antreten.« Nur einige wenige dürfen zurückbleiben, um in der Fabrik aufzuräumen. Wir bekommen jeder ein Stück Brot, und dann marschieren wir los. Wir gehen bis es dunkel wird und wir ein Sägewerk erreichen. Man führt uns in die an allen vier Seiten offene Halle desselben, wo wir die Nacht verbringen. Es ist Februar und bitterkaltes und nasses Wetter...

Ein Teil von uns bekam Arbeit auf dem Dresdner Hauptbahnhof, der Rest hatte die Trümmer in den Straßen und Ruinen fortzuräumen. Der Weg zur Arbeit war weit und fiel uns allen sehr schwer. Trotzdem gingen wir gern, denn es war die einzige Möglichkeit, sich ein wenig Essen zu verschaffen. Wir stahlen uns von der Arbeit fort und suchten in den Kellern, soweit diese noch vorhanden waren, nach etwas Eßbarem. Vom Feuer des Großangriffs geröstete Kartoffeln, halb verdorbenes Eingemachtes, verschimmelte saure Gurken und manches andere schmeckte und bekam uns. Auch auf dem Hauptbahnhof interessierten uns vor allem die Stellen, wo einmal ein Speisewagen gestanden hatte. Wir wühlten zwischen den Schienen herum und fanden, wenn wir Glück hatten, ein paar weiße Bohnen oder Erbsen und etwas verbrannte und verfaulte Zwiebeln. Alles war voll mit Sand und Schmutz. Aber wir aßen es, und niemand wurde krank davon.

Fritz Löffler

Die zweimal geschlagene Stadt

Erst kamen die Preußen, dann Engländer und Amerikaner

Als das »auf dem höchsten Gipfel seiner Vollkommenheit prangende Dresden« hatte der barocke Chronist Iccander in der üppigen und blumigen Sprache seiner Zeit die Stadt an der Elbe in den Tagen ihres Glanzes im ersten Viertel des 18. Jahrhunderts beschrieben und als ihre sieben Wunderwerke »das unvergleichliche Zeughaus, die in aller Welt berühmte Kunstkammer, den recht königlich ausgezierten Stall, die in ganz Europa jetzt berühmteste Elbbrücke, das mit allen japanischen Kostbarkeiten versehene ostindianische Palais am Weißen Tor, den seinesgleichen in Europa nicht habenden Zwingergarten und das große und trefflich ausmöblierte Jägerhaus« gerühmt.

Nach dem Chronisten war wenige Jahrzehnte später der Maler gekommen und hatte mit dem Pinsel festgehalten, was die Reisenden in ganz Europa von den Schönheiten der Stadt am Strom zu berichten wußten. Bernardo Belotto, genannt Canaletto, der Neffe des großen Venezianers Antonio, schuf in der minutiösen Art des spätbarocken Realismus mit allen Hilfsmitteln der exakten Wissenschaft, wie der Camera obscura, die umfangreichen Veduten, die die Stadt in dem Augenblicke der letzten Vollendung der Nachwelt überliefern. Die Gemälde bilden noch heute einen der Hauptanziehungspunkte der Galerie, die Stiche nach ihnen sind ein begehrtes Objekt der Sammler aus aller Welt geblieben.

Noch war der Firnis auf den spätesten Bildern nicht getrocknet, als während des Siebenjährigen Krieges ein wesentlicher Teil der Stadt der Beschießung durch die Artillerie Friedrichs II. von Preußen zum Opfer fiel. Zu den glücklich erhaltenen Denkmalen zählt die Kuppel der Frauenkirche, von deren Laterne der jugendliche Goethe 1768 diese leidigen Trümmer übersah: »Die Mohrenstraße (Moritzstraße) im

Die von preußischer Artillerie
zerstörte Kreuzkirche:
Stich nach dem Gemälde von
Bernardo Belotto, genannt
Canaletto (1765)

Schutt sowie die Kreuzkirche mit ihrem geborstenen Turm drückten sich mir tief ein und stehen noch wie ein dunkler Fleck in meiner Einbildungskraft... Nun lagen die königlichen Schlösser zerstört, die Brühlschen Herrlichkeiten vernichtet, und es war von allem nur ein sehr beschädigtes herrliches Land übrig geblieben... Da rühmte mir der Küster die Kunst des Baumeisters, welcher Kirche und Kuppel auf einen so unerwünschten Fall schon eingerichtet und bombenfest erbaut hatte. Der gute Sakristan deutete mir alsdann auf Ruinen nach allen Seiten und sagte bedenklich lakonisch: Das hat der Feind getan!«

Doch fünfundvierzig Jahre nach diesem Ereignis, während der Befreiungskämpfe von 1813, zwischen dem gemeinsamen Einzug des russischen Zaren mit dem Preußenkönig Friedrich Wilhelm III. und einer letzten Begegnung mit Napoleon vor dem Brühlschen Palais an der Augustusstraße, bestieg Goethe zum zweiten Male die Kuppel. Die Schäden des vergangenen Krieges waren inzwischen vernarbt, wenn auch manche der architektonischen Perlen für immer aus der Stadtkrone gebrochen blieben, und es bot sich dem alternden Dichter der friedliche Anblick des Spieles der Mükken in der Abendsonne dar, den er im Tagebuch vermerkte.

Tragische Ereignisse wiederholen sich oft in der Geschichte. Wer im Herbst des Jahres 1944, in der Jahreszeit, in der Dresden seine Reize zum letzten Male in der ganzen Üppigkeit seines Farben- und Formenreichtums wunderbar offenbarte, die Chancen der Stadt in dem unseligen Kriege sorgsam abwog, konnte nicht ganz ohne Hoffnung für ihr künftiges Schicksal bleiben. Ihre besonderen Schönheiten lagen im wesentlichen abgetrennt von den übrigen Bezirken, von der Brühlschen Terrasse bis zum Zwinger, vom Neustädter Markt bis zum Japanischen Palais hingezogen. Kilometerweit war dieser Stadtkern von jeder kriegswichtigen Tätigkeit entfernt.

Der modernen Kriegstechnik wäre es ein leichtes gewesen, diese architektonischen Kostbarkeiten, die der ganzen Welt gehörten und die länger als ein Vierteljahrtausend im Brennpunkt der künstlerischen

Auseinandersetzungen gestanden hatten, von jeder Beschädigung sorgsam auszunehmen. Aber wie der Preußenkönig im Sommer 1760 aus Abneigung gegen seinen persönlichen Gegner Brühl gerade die kostbarsten Kunstwerke zerstörte, so vernichteten in der Nacht vom 13. zum 14. Februar 1945 800 englische Bomber systematisch die Kleinodien der Stadt und ließen die kriegswichtigen Industrien in den weiteren Vorstädten unberührt bestehen. Nicht einmal das inmitten weiter Parkanlagen sich ausbreitende und von jeder Besiedlung ferne Barockpalais des Großen Gartens blieb vor den Nachstellungen aus der Luft verschont. Und wie damals der jugendliche Goethe die Worte des Erinnerns für seine Autobiographie »Dichtung und Wahrheit« festhielt, so fand jetzt der greise Gerhart Hauptmann, schon selbst vom Tode gezeichnet, Worte der Klage und der Trauer für das Schicksal der geschlagenen Stadt.

Erich Kästner

Dresden gibt es nicht mehr

Niemand will die Stadt ermordet haben

Ja, Dresden war eine wunderbare Stadt. Ihr könnt es mir glauben. Und ihr müßt es mir glauben! Keiner von euch, und wenn sein Vater noch so reich wäre, kann mit der Eisenbahn hinfahren, um nachzusehen, ob ich recht habe. Denn die Stadt Dresden gibt es nicht mehr. Sie ist, bis auf einige Reste,

Bernardo Belotto, genannt Canaletto:
Dresden, vom rechten Elbufer aus gesehen (1748)

vom Erdboden verschwunden. Der Zweite Weltkrieg hat sie, in einer einzigen Nacht und mit einer einzigen Handbewegung, weggewischt. Jahrhunderte hatten ihre unvergleichliche Schönheit geschaffen. Ein paar Stunden genügten, um sie vom Erdboden fortzuhexen. Das geschah am 13. Februar 1945. Achthundert Flugzeuge warfen Spreng- und Brandbomben. Und was übrigblieb, war eine Wüste. Mit ein paar riesigen Trümmern, die aussahen wie gekenterte Ozeandampfer.

Ich habe, zwei Jahre später, mitten in dieser endlosen Wüste gestanden und wußte nicht, wo ich war. Zwischen zerbrochenen, verstaubten Ziegelsteinen lag ein Straßenschild. »Prager Straße« entzifferte ich mühsam. Ich stand auf der Prager Straße? Auf der weltberühmten Prager Straße? Auf der prächtigsten Straße meiner Kindheit? Auf der Straße mit den schönsten Schaufenstern? Auf der herrlichsten Straße der Weihnachtszeit? Ich stand in einer kilometerlangen, kilometerbreiten Leere. In einer Ziegelsteppe. Im Garnichts.

Noch heute streiten sich die Regierungen

der Großmächte, wer Dresden ermordet hat. Noch heute streitet man sich, ob unter dem Garnichts fünfzigtausend, hunderttausend oder zweihunderttausend Tote liegen. Und niemand will es gewesen sein. Jeder sagt, die anderen seien dran schuld. Ach, was soll der Streit? Damit macht ihr Dresden nicht wieder lebendig! Nicht die Schönheit und nicht die Toten! Bestraft künftig die Regierungen und nicht die Völker! Und bestraft sie nicht erst hinterher, sondern sofort! Das klingt einfacher, als es ist? Nein. Das ist einfacher, als es klingt.

Signet des Fördervereins
zum Wiederaufbau der Frauenkirche

Wolfgang Mischnick

Wodka für die Oper

Sowjetoffiziere mit einem weiten Horizont

Während meiner Stadtverordnetentätigkeit in Dresden war ich besonders im Kulturausschuß engagiert. Vorsitzender des Ausschusses war der LDP-Stadtverordnetenkollege Voß. Wir bemühten uns, an die Theatertradition Dresdens anzuknüpfen. Opernhaus und Schauspielhaus wieder in Gang zu bringen. Aber auch den anderen zerstörten Theatern, Kinos, Museen, Bibliotheken, Musikschulen galt unsere Aufmerksamkeit. Vor der Vielzahl der Probleme hätte man leicht kapitulieren können. Wir taten es nicht, sondern versuchten eine grobe Rangfolge festzulegen, wohl wissend, wie schnell wir dabei mit wirtschaftlichen und sozialen Notwendigkeiten in Konflikt gerieten.

Eine besondere Rolle in unseren Überlegungen spielte die Dresdner Oper, die durch Fliegerangriffe sehr stark beschädigt und ausgebrannt war. Wir hegten die stille Hoffnung, sie eines Tages wiederaufbauen zu können. Allerdings wußten wir, daß bis dahin noch eine ganze Zeit verstreichen würde. Plötzlich kam das Gerücht auf und verdichtete sich immer mehr, daß sich in der SED die Meinung breitmachte, man solle die Opernhausruine wegsprengen. Damit würde ein Überbleibsel imperialistischen, monarchistischen Gedankengutes beseitigt. Im übrigen habe auch Hitler die Oper in Dresden besucht, Richard Strauss habe dort viele Uraufführungen gehabt, und dies sei alles sehr anrüchig.

Was konnten wir tun? Die Ruine war in einem Zustand, der uns ausbaufähig erschien. So beschlossen wir, alle möglichen Hebel in Bewegung zu setzen, um die Sprengung zu verhindern. Der Zufall wollte es, daß in der Villa des Kollegen Voß auf dem »Weißen Hirsch« in Dresden sowjetische Kultur-Offiziere einquartiert waren. Also entschieden wir drei LDP-Kulturausschußmitglieder, mit diesen Offizieren über unsere Sorgen zu sprechen. Wir machten klar, daß eine Sprengung der Opernhausruine in aller Welt als eine kulturpolitische Barbarei betrachtet würde. Im Gegensatz zu manchen anderen Baudenkmälern, wie etwa der Frauenkirche, die völlig in sich zusammengebrochen war, sei die Opernhausruine doch wiederherstellbar.

Wir haben die ganze Nacht diskutiert, immer wieder klargelegt, welche negative Beurteilung eine solche Entscheidung auch der sowjetischen Besatzungsmacht einbringen würde. Es gelang uns schließlich, verbunden übrigens mit einem ganz erheblichen Konsum an Wodka, unsere Gesprächspartner zu überzeugen. Es erfolgte eine Anweisung an die Stadtverwaltung, die Opernhausruine nicht zu sprengen.

An diesem Beispiel zeigt sich, daß mit einer überzeugenden Argumentation manche Bilderstürmerei durch deutsche Kommunisten verhindert werden konnte. Man mußte nur entschlossen und sachbezogen auftreten. Manche Sowjetoffiziere hatten für deutsche Kultur ein offeneres Ohr als die eigenen Kommunisten. Man hatte natürlich nicht immer das Glück, auf Besatzer mit einem weiten Horizont zu stoßen; die meisten sahen die Probleme engstirnig aus dem Blickwinkel des totalen Siegers. Heute ist jedermann froh, daß es damals gelang, dieses bedeutende Bauwerk so zu sichern, daß der Wiederaufbau später erfolgen konnte und die Semperoper wieder im alten Glanz erstrahlt. Wie arm oder um noch wieviel ärmer wäre Dresden heute dran, wenn die SED in den vierziger Jahren eine Sprengung durchgesetzt hätte!

Dieter Bödes vielsagender Stecker
(dem. = demonstrieren) aus der 12. Kunstausstellung
des Bezirkes Dresden, die am Vorabend des
40. Jahrestages der DDR
im Herbst 1989 eröffnet wurde

Marlies Menge

Tauwetter im Herbst

Ganz Dresden war vor der Wende auf den Beinen

Wieder waren am Nachmittag Tausende durch die Straßen der Elbestadt gezogen. Gegen zehn Uhr abends trafen sich auf der Prager Straße rund zehntausend Menschen aller Altersschichten. Etwa fünfhundert von ihnen wurden von der Polizei eingekreist, setzten sich auf den Boden, riefen »Keine Gewalt!« und »Bruder, schlag mich nicht!«. Rundherum standen prügelbereite Stasi-Jungen und die Masse der restlichen Demonstranten. Eine Konfrontation schien unausweichlich.

Da plötzlich ertönte eine Stimme aus dem Lautsprecher. Was sie verkündete, klang in der heutigen DDR geradezu revolutionär: Landesbischof Johannes Hempel und Superintendent Christof Ziemer seien bei Oberbürgermeister Wolfgang Berghofer im

Rathaus gewesen und hätten Forderungen der Demonstranten vorgetragen. Der Oberbürgermeister sei bereit, am nächsten Vormittag eine Abordnung der Demonstranten zu einem Gespräch zu treffen.

Die Spannung löste sich. Die Menschen jubelten. Aus der Konfrontation wurde so etwas wie eine Versöhnungsfeier. Die Polizisten gaben ihre Einkesselung auf. Einige von ihnen ließen sich erschöpft auf nahestehende Bänke fallen. Demonstranten gaben ihnen Kerzen in die Hand. Nur die Männer der Stasi wußten mit der neuen Situation nichts anzufangen. Sie standen hilflos herum.

Am nächsten Abend sollte in vier Kirchen über das Gespräch informiert werden: in der Kreuzkirche, in der Hofkirche, in der Versöhnungskirche und in der Strehlener Kirche. Doch selbst der Platz in diesen vier großen Kirchen reichte nicht aus, so daß die Informationsveranstaltungen jeweils wiederholt werden mußten. Ganz Dresden schien auf den Beinen zu sein.

In der Versöhnungskirche spielte der Posaunenchor zum Auftakt: »Die Gedanken sind frei«. Fünf von den zwanzig, die die Demonstranten zum Gespräch mit den Stadtvertretern geschickt hatten, saßen vorn, bereit zu berichten: ein pausbäckiger Bäcker, ein Elektriker im karierten Hemd, eine junge Krankenschwester mit blonden Kräusellocken und Nickelbrille, ein Maschinenschlosser, schmal und jung, und ein Konstrukteur, der einzige der fünf, der, der Sprache nach zu urteilen, aus dem Norden des Landes stammt.

Die zwanzig hatten sich beim Oberbürgermeister für die in den letzten Tagen Inhaftierten eingesetzt. Er sagte ihnen Freilassung innerhalb von 24 Stunden für jene zu, denen keine Gewalt nachgewiesen werden könne. Erstaunlicher als diese Zusicherung war allerdings seine Unterstützung für die Forderung der Gruppe nach einer wirklichen Wahl: »Wahlen müssen Wahlen werden«, sagte er, so wie es die Engagierten im Lande seit fast einem halben Jahr fordern. Wer die heutige DDR kennt, weiß, was es bedeutet, wenn der Oberbürgermeister einer so wichtigen Stadt wie Dresden derartiges sagt.

Berghofer zeigte auch Verständnis für die Wünsche nach freiem Reisen sowohl in westlicher als auch östlicher Richtung: Er habe sich deshalb schon an die zuständigen Stellen gewandt. Es gäbe sicherlich bald eine Lösung. Eine junge Frau neben mir sagte, offenbar bestehe schon eine Dresdener Sonderregelung für Ausreisen. Überall stünden Riesenschlangen von Leuten, die sich Anträge holten. Die dürften in kürzester Zeit ausreisen.

Nicht gegenüber allen Forderungen der Gruppe zeigte sich der Oberbürgermeister so aufgeschlossen und hilfsbereit. Als sie die DDR-Medien heftig kritisierte, etwa die einseitige Darstellung von Demonstrationen als »rowdyhafte Ausschreitungen«, ihm einen von einer unabhängigen Journalistin verfaßten Artikel über die Dresdener Ereignisse gab, sagte er, für Presse sei er nicht zuständig. Ebensowenig zuständig fühlte er sich, den geforderten zivilen Ersatzdienst zu unterstützen, ihn in städtische Brennpunkte zu verlegen, in Krankenhäuser, zum Wohnungs- und Straßenbau. In anderen Punkten blieb er auf der offiziellen Linie: Unangemeldete Demonstrationen seien illegal und würden von der Polizei aufgelöst, die Legalisierung des »Neuen Forums« könne kein Gesprächsthema sein, weil die Frage bereits entschieden sei, es gebe aber die Möglichkeit, Eingaben gegen diese Entscheidung zu schreiben.

»Eingaben schreiben wir seit Jahrzehnten«, sagte die junge Frau neben mir, »dafür haben die Leute keine Geduld mehr.« Und sie fragte sich, ob es nicht doch besser wäre, weiter friedlich zu demonstrieren, damit

Wolfgang Hänsch: perspektivische Darstellung der wiederaufgebauten Semper-Oper mit ihren Erweiterungsbauten, vom Dach der Gemäldegalerie aus gesehen

nicht alles wieder im Sand verläuft. Womöglich sei das Entgegenkommen ja überhaupt nur ein Trick, um die Leute zu beruhigen.

Der Oberbürgermeister hat für den 16. Oktober das nächste Gespräch zugesagt. In der Versöhnungskirche wurden Zettel verteilt, auf die Fragen und Forderungen für dieses nächste Gespräch geschrieben werden sollten. Viele betrafen das »Neue Forum« oder den Umweltschutz. »Das Dynamo-Stadion wäre doch ein passender Ort, um das nächste Mal alle zu informieren«,

schlug einer vor. Und ein anderer: »Machen Sie den staatlichen Stellen klar, daß hinter den Forderungen, die die Demonstranten gestellt haben, Zehntausende, Hunderttausende oder sogar Millionen von Bürgern stehen.«

»Wir danken für den Mut des Oberbürgermeisters«, hatte jemand auf seinen Zettel geschrieben.

Wolfgang Berghofer hatte am Anfang des Gesprächs am Montagmorgen gesagt: »Ich bin mir der Verantwortung bewußt, wenn ich jetzt hier mit Ihnen spreche.« Vermutlich mußte er sie nicht allein tragen. Aber ob er nur vom Dresdener Parteisekretär Hans Modrow unterstützt wird oder auch von der Führung in Berlin, die vielleicht in Dresden ausprobieren will, wie es im restlichen Land weitergehen könnte, ob den Worten auch Taten folgen – das müssen die nächsten Wochen und Monate erst noch zeigen.

Martin Walser

Stacheldraht auf der Bühne

Frühling im Herbst 1989

Am 7. Oktober hatte in der Semperoper in Dresden »Fidelio« Premiere. Als wir am 8. Oktober eine Stunde vor der Vorstellung von der Julian-Grimau-Allee zum Theaterplatz einbiegen wollten, stoppte uns ein Polizist. Wir sollten – zu unserer Sicherheit, sagte er – irgendwo an der Elbe einen Parkplatz suchen. Da drinnen sei »Randale«. Es stellte sich heraus, daß das großartig wiederaufgebaute Opernhaus im weiten Umkreis von Polizei geschützt war. Zwischen Postplatz und Theaterplatz war in der Sophienstraße eine Demonstration zwischen zwei Polizeilinien steckengeblieben. Wir schauten zu. Eine junge Frau wollte von unserer Seite mit Mann und Kind durch die Polizeilinie durch zur Demonstration. Ein ebenso junger Polizeioffizier hinderte sie.

Das da vorn sei eine ungesetzliche Veranstaltung. Wer macht das Gesetz, fragte die Frau so erregt, daß der Polizeioffizier sie einfach passieren ließ. Ihr Mann mit Kind hinter ihr her. Die Polizei hatte ihre Legitimität endgültig eingebüßt.

Das »Fidelio«-Bühnenbild wirkte, obwohl es sicher vor Monaten entworfen worden war, als sei es in diesen ersten Oktobertagen entstanden: Knapp hinter der Rampe quer über die ganze Bühne ein hoher Drahtzaun, oben, bühneneinwärts geknickt, Stacheldraht. Dahinter ein hochmodernes Gefängnis. Was man hört an diesem Abend und sieht, man hört und sieht es durch Drahtgeflecht. Man wird sich diese Aktualität nicht gleich vom Wahlspruch des Hauses Wettin erklären lassen müssen, der mit dem sächsischen Wappen in den rekonstruierten Opernvorhang eingewoben ist: *Providentiae memor.* Wieder eine unheimlich gute Inszenierung. Von Christine Mielitz. Inszenieren und spielen die hier vielleicht so gut, weil sie wissen, warum sie etwas spielen? Das wäre eine Erklärung. Da auch die Kostüme anstrengungslos von heute waren, wirkte der

Gefangenenchor am durchschlagendsten. Sicher auch, weil er ohne Gesten-Dramatik eine ganz genaue Studie der Angst exekutierte. Jedes Wort wurde verstanden.

»Leise, leise, haltet euch zurück, ihr seid belauscht von Ohr und Blick.« Dem ersten Auftritt des Chors folgte ein fast den Abend unterbrechender Beifall. Schräg unter uns, in der Staatsloge, wurde auch geklatscht. Ich glaube, Hans Modrow war dabei. Noch einmal eine solche Ovation am Schluß, als die Frauen, gekleidet wie heutige Dresdnerinnen, ihre aus der Haft entlassenen Männer abholen. Am Abend zuvor, dem eigentlichen Premierenabend, soll es genauso gewesen sein. In der Pause konnte man aber nicht aus der Oper hinaus. Die mächtigen Portale waren verschlossen. Wer hinaus mußte, dem wurde aufgemacht mit dem Hinweis, daß er nachher nicht mehr hereinkönne. Die Kunst sollte an und für sich frei sein dürfen. Zu spät. Drinnen und draußen: Frühling im Herbst.

Herbert Wagner

In der Höhle des Löwen

Die Stasi wird besetzt

Es war am 5. Dezember 1989. Vormittags erstatteten Arnold Vaatz und Dieter Reinfried vom Neuen Forum mit Johannes Pohl vom Demokratischen Aufbruch beim Chef der Dresdner Volkspolizei Anzeige gegen die Bezirksbehörde des ehemaligen Ministeriums für Staatssicherheit wegen des dringenden Verdachts der Sabotage. Denn es ging ein glaubwürdiges Gerücht um, daß die Stasi-Akten en masse vernichtet würden. Die Volkspolizei ließ sich nach anfänglichem Zögern dazu bewegen, dieser ungewöhnlichen und höchst brisanten Anzeige nachzugehen – vorausgesetzt, daß die Staatsanwaltschaft die Durchsuchung leitete, was ungewiß war, war sie doch stets ein getreuer Diener des Regimes gewesen. Es mußte also mindestens ein Staatsanwalt gefunden werden, der bereit war, einen Durchsuchungsbefehl gegen die Stasi zu unterschreiben.

Es war keine Zeit zu verlieren und die Unterstützung durch die Öffentlichkeit dringend geboten. Für elf Uhr war ich mit dem Leiter des Volkspolizei-Kreisamtes in einer dringenden Frage der Sicherheitspartnerschaft verabredet. Bei ihm saß bereits Arnold Vaatz und erklärte mir die heikle Situation. Er schloß mit der Frage, ob ich bereit sei, für die Gruppe der 20 und in meinem Namen gemeinsam mit dem Neuen Forum die Bevölkerung der Stadt zu einer Demonstration vor den Mauern der Stasi aufzurufen.

Mir stockte der Atem. Wir hatten in der Vergangenheit bei allen Demonstrationen zur Vermeidung eines Blutbades die aufgebrachten Demonstranten zwar erfolgreich daran gehindert, zur Stasi zu marschieren. Aber wir wußten auch, daß einmal in die Höhle des Löwen eingedrungen werden mußte. Doch wann war der richtige Zeitpunkt? War er jetzt? Arnold und ich blickten uns für etwa drei Sekunden in die Augen, dann war klar: Wenn der Stein einmal ins

Rollen gekommen ist, müssen wir auch gemeinsam handeln.

Wir meldeten also bei Oberstleutnant Dr. Prietz, dem Leiter des Volkspolizei-Kreisamtes, für siebzehn Uhr eine Demonstration vor dem Gebäudekomplex der Stasi an. Der nächste Weg führte uns zum Sender Dresden, wo für die nächste halbe Stunde eine sehr wichtige Meldung angekündigt wurde. Wir setzten uns vor eine Schreibmaschine und formulierten einen Demonstrationsaufruf an die Bevölkerung. Die Meldung ging eine halbe Stunde später über den Sender, dann trennten sich unsere Wege. Nach einem Gespräch im Rathaus mit dem Stellvertreter des Oberbürgermeisters fuhr ich schnell noch einmal nach Hause und hinterlegte meiner Frau einen Zettel mit der Bitte, für mich zu beten, denn an diesem Abend könne es »sehr heiß« werden.

Als ich noch vor siebzehn Uhr vor dem Gebäudekomplex der Stasi ankam, war bereits eine Riesenmenge versammelt. Niemand hielt sich an unsere peinlich genau erarbeitete Sicherheitskonzeption. Statt desen wurde die gesamte Mauer mit »Stasi raus«, »Volksverräter« und ähnlichem bemalt und besprayt. Die ersten begannen, auf die Mauer zu steigen und in das Innere zu schauen. Gegen siebzehn Uhr geschah das Wunder: Nach Lautsprecherankündigung öffneten sich die Tore. Vorsichtig tastend gingen wir in den Innenhof. War es eine Falle? Waren die Maschinengewehre bereits auf uns gerichtet? Wir konnten es kaum fassen, wir waren in die Höhle des Löwen eingedrungen; noch lebte er.

Unter die Menschen hatte sich der Bezirkschef der Stasi, Generalmajor Böhm, gemischt. Er ging mit der Menge in den Klubraum, an dessen Stirnseite eine stalinistische Parole prangte, und mußte Rede und Antwort stehen. Immer wieder tauchte die Frage nach unterirdischen Gängen auf. Nach und nach wurde die Öffnung verschiedener Gebäude, längst nicht aller, erzwungen. Mit Betroffenheit und Kopfschütteln gingen die Menschen durch Büroräume und Gefängniszellen. In den oberen Etagen der Gebäude, in abgedunkelten Zimmern, saßen ebenso ängstlich und zitternd wie wir Mitarbeiter der Stasi. Man sah es an den bewegten Gardinen. Auch in den unteren Räumen waren Stasi-Mitarbeiter, die ihren »Dienst« taten. Sie wurden von der Menge mit vorwurfsvollem, gemäßigtem Ton nach ihrer Tätigkeit, ihren Gehältern und ihrem Gewissen befragt. Die Reaktionen waren unterschiedlich. Einige sahen für sich eine düstere Zukunft, andere hatten noch nichts begriffen. Es war eine ungeheure Erniedrigung für diese Menschen, die es gewohnt waren, andere zu bespitzeln, zu verhören und zu nötigen. Generalmajor Böhm wurde beim Gang durch den Komplex verhöhnt, bespuckt, gepufft und getreten. Ich stellte mich bei einem dieser Wege schützend vor ihn, um einer Lynchjustiz vorzubeugen. Später, am 21. Februar 1990, nahm er sich das Leben.

Die Menschenmenge bildete noch am 5. Dezember ein Bürgerkomitee von Freiwilligen, das den Gebäudekomplex besetzt hielt und weitere Untersuchungen durchführte. Dies geschah gemeinsam mit der Volkspolizei, die einige Stunden später mit Verstärkung anrückte, und einer Regierungskommission. Die Auflösung der Stasi war in ihr entscheidendes Stadium getreten. Das Herz des Drachens war getroffen. Er mochte sich noch einmal aufbäumen und etwas winden, aber mit der Beseitigung des Angstapparates Staatssicherheit war der entscheidende Schlag gegen die stalinistische Diktatur geglückt. Schild und Schwert der Partei, als die sich die Stasi verstand, waren zerstört. Die Menschen konnten wieder frei atmen, und die nächtlichen Alpträume verschwanden. Ein Zeichen für den Humor, den die Dresdner bei dieser Aktion trotzdem noch behielten, war der Nikolausstiefel mit einer Rute, der am 6. Dezember von einem gewitzten Bürger auf die Stasi-Mauer gestellt wurde.

Wappen von Dresden

Quellennachweis

Ernst Barlach, Der erste Eindruck, aus: Briefe, Band I, München 1968 (mit Genehmigung der Ernst und Hans Barlach Lizenzverwaltung, Ratzeburg); *Otto Rombach*, Die Nichte des Kurfürsten, aus: Anna von Oranien, Roman, © Deutsche Verlags-Anstalt, Stuttgart 1960; *Ricarda Huch*, Der Kaiser weinte, aus: Der große Krieg in Deutschland, © Insel Verlag 1914; *Johann Michael von Loen*, Der galanteste Hof der Welt, aus: Des Herrn von Loen gesammelte kleine Schriften, Band I, Frankfurt am Main und Leipzig 1750; *Jochen Klepper*, Im Bauernkittel bei August dem Starken, aus: Der Vater, Roman des Soldatenkönigs, © Deutsche Verlags-Anstalt, Stuttgart und Berlin 1937; *Johann Wolfgang Goethe*, Ein Tempel mit Gemälden, aus: Autobiographische Schriften (Berliner Ausgabe, Band 13), Berlin 1960; *Friedrich Schiller*, Don Carlos in Fortsetzungen, aus: Schillers Briefe in zwei Bänden, Band I, Berlin und Weimar 1968; *Wolfgang Amadeus Mozart*, Eine schöne Dose für ein neues Konzert, aus: Briefe, Zürich 1948; *Wilhelm von Kügelgen*, Weihnachtsfest unter der Sixtinischen Modonna, aus: Jugenderinnerungen eines alten Mannes, © Manesse Verlag, Zürich 1970; *Hans Christian Andersen*, Luthers Ring im Grünen Gewölbe, aus: Reise nach Dresden und in die Sächsische Schweiz, Dresden 1947; *Arnold Ruge*, Die Russische Treppe, aus: Deutsch-französische Jahrbücher, Leipzig 1973; *Theodor Heuss*, Der revolutionäre Architekt, aus: Deutsche Gestalten, Studien zum 19. Jahrhundert, Tübingen 1951; *Richard Wag-*

ner, Der revolutionäre Komponist, aus: Mein Leben, München 1963; *Paula Modersohn-Becker*, Keltertürme auf den Bergen, aus: Briefe und Tagebuchblätter, München o. J.; *Max Pechstein*, Gedämpfte Tulpenglut, aus: Erinnerungen, Wiesbaden 1960, © Pechstein/Hamburg-Tökendorf; *Peter von Zahn*, Dezenter als auf St. Pauli, aus: Stimme der ersten Stunde, Erinnerungen, © Deutsche Verlags-Anstalt, Stuttgart 1991; *Prinz Heinrich Ernst von Sachsen*, Mein Vater, der König, aus: Mein Lebensweg vom Königsschloß zum Bauernhof, München 1968 (mit Genehmigung der Erben des Autors); *Gert Fröbe*, Gret Palucca, Otto Dix und viel Mehl, aus: Auf ein Neues, sagte er ... und dabei fiel ihm das Alte ein, Geschichten aus meinem Leben, © Albrecht Knaus Verlag, München und Hamburg 1988; *Will Grohmann*, Die Avantgarde von damals, aus: Die Sammlung Ida Bienert, Potsdam 1933; *Stefan Zweig*, Richard Strauss bei Hitler, aus: Die Welt von Gestern, © Bermann-Fischer Verlag A. B., Stockholm 1944, Abdruck mit Genehmigung der S. Fischer Verlag GmbH, Frankfurt am Main; *Ruth Alton*, Als Dresden brannte, aus: Jüdisches Leben in Deutschland, Selbstzeugnisse zur Sozialgeschichte 1918–1945, © Deutsche Verlags-Anstalt, Stuttgart 1982; *Fritz Löffler*, Die zweimal geschlagene Stadt, aus: Das alte Dresden, Geschichte seiner Bauten, © Seemann Verlag, Dresden 1962; *Erich Kästner*, Dresden gibt es nicht mehr, aus: Als ich noch ein kleiner Junge war, Atrium Verlag, Zürich; *Wolfgang Mischnick*, Wodka für die Oper, aus: Von Dresden nach Bonn, Erlebnisse – jetzt aufgeschrieben, © Deutsche Verlags-Anstalt, Stuttgart 1991;

Marlies Menge, Tauwetter im Herbst, aus: »Ohne uns läuft nichts mehr«, Die Revolution in der DDR, © Deutsche Verlags-Anstalt, Stuttgart 1990; *Martin Walser*, Stacheldraht auf der Bühne, aus: Über Deutschland reden, © Suhrkamp Verlag, Frankfurt am Main 1988; *Herbert Wagner*, In der Höhle des Löwen, Typoskript. – Honoraransprüche der Autoren oder ihrer Erben werden selbstverständlich nicht davon berührt, daß es in einzelnen Fällen nicht gelungen ist, die jetzigen Rechteinhaber festzustellen und sie um Abdruckgenehmigung zu bitten.

Abbildungen: S. 15, 84 © St. Otto Verlag, Bamberg; S. 73 © Erben der Künstlerin; S. 81 Plakat für die Ausstellung der KG Brücke bei Emil Richter, Dresden, 1909, Holzschnitt 83×60 cm, H 85; S. 93, 98 © VG Bild-Kunst, Bonn.

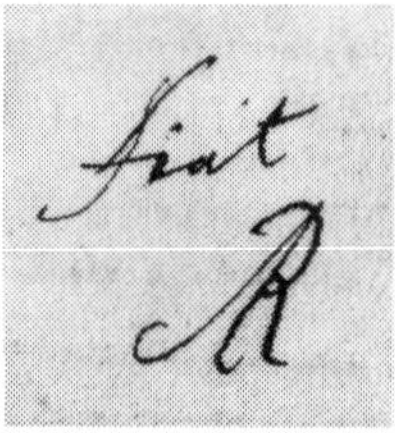

Unterschrift August des Starken (Augustus Rex) mit Approbation (Bestätigung).